사물어 사전

사물어 사전

2022년 7월 20일 초판 1쇄 인쇄
2022년 7월 28일 초판 1쇄 발행

지은이 | 홍일표
펴낸이 | 孫貞順
펴낸곳 | 도서출판 작가
　　　　(03756) 서울 서대문구 북아현로6길 50
　　　　전화 | 02)365-8111~2　팩스 | 02)365-8110
　　　　이메일 | morebook@naver.com
　　　　홈페이지 | www.cultura.co.kr
　　　　등록번호 | 제13-630호(2000. 2. 9.)

편집 | 손희 설재원
디자인 | 오경은 박근영
영업 | 박영민
관리 | 이용승

ISBN 979-11-90566-45-2(03810)

잘못된 책은 구입하신 서점에서 바꾸어 드립니다.

* 이 도서는 한국출판문화산업진흥원의 '2022년 우수출판콘텐츠 제작 지원'
　사업 선정작입니다.

값 13,000원

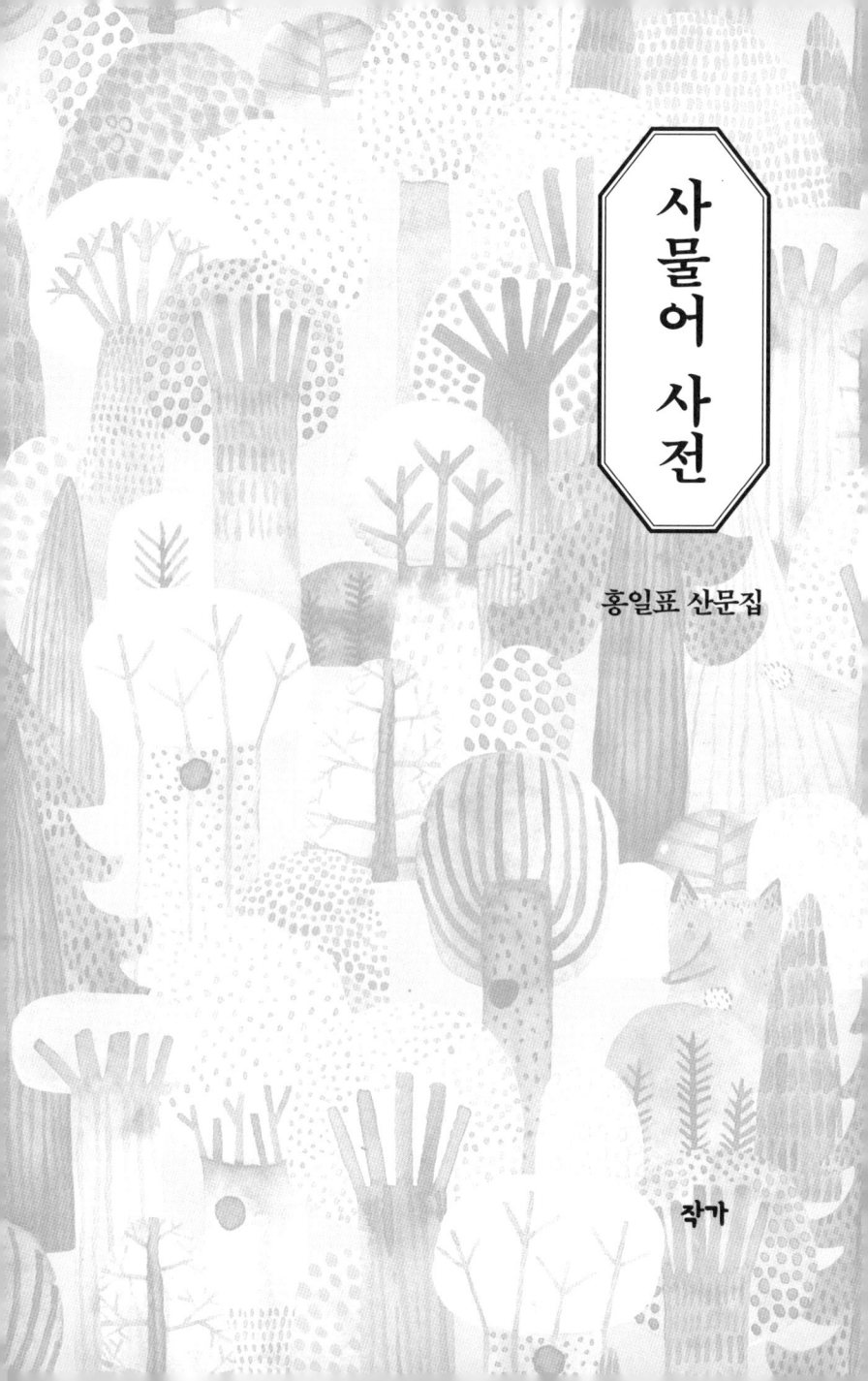

사물어 사전

홍일표 산문집

작가

책머리에

한동안 사물들의 이야기에 귀를 기울였다. 모든 사물들은 우리와 함께 숨 쉬는 한 덩어리 우주였다. 너무 익숙하여 미처 알아보지 못한 사물들의 이면에 숨어 있던 표정과 무늬들을 만났다. 그동안 기존의 사물들을 다르게 읽으면서 발견하는 즐거움과 살렘이 있었다. 사물들이 고착화된 통념의 틀을 부수고 스스로 발언하는 내용에 귀 기울이고자 했으나 눈과 귀가 어두워 제대로 옮겨 적었는지 모르겠다. 모쪼록 인간의 일방적 시선에 의해 해석된 사물의 어록이 아니라 규범도 전형도 없는 '낯선 다름'으로 독자들에게 다가갔으면 하는 바람이다.

그동안 지면을 내어준 『문학사상』과 『사이펀』에 감사의 마음을 전한다.

2022년 7월
홍일표

차례

책머리에 5

1부
허깨비 같은 문자에 속다

비누 15
붓 16
목련 18
호치키스 19
강물 20
화초 22
풀무 24
그네 26
보도블록 27
바퀴벌레 28
지우개 30
물 31
비단잉어 32
등긁개 34
냉장고 35
선풍기 36
벌레 37
풀칼 38
마이크와 스피커 40

놀이터 41
공책 42
감자 44
바위 46
새소리 47
봉투 48

2부
풀꽃들의 강론을 몸에 모시다

돼지 51
섬 52
민불 54
묵 57
닭 58
거울 59
뭉크의 그림 60
수레 62
사막 63
도마 64
감나무 65
수탉 66
자석 68
나무 69

늑대 70

망치 72

눈발 73

구두 74

건물 75

목화 76

빨랫방망이 78

치약 79

참깨 80

꽃 81

간판 82

3부
세상의 아픈 모서리들이 잠시 쉬었다 가다

접시 85

만년필 86

뻥과 빵 88

곰팡이 89

도서관 90

숯 92

책 93

진달래 94

우상 95

가위 96

스티커 98

된장 99

딱정벌레와 흑바구미 100

바나나 101

지렁이 102

풍선 103

스펀지 104

휴지통 105

장미 106

복숭아 108

설탕 109

연밭 110

오징어 112

옥수수빵 113

새 114

우체통 115

4부
하늘에 언제 공룡이 살긴 살았던가?

병아리 119

낚시 120

샤인머스켓 122

우산 123

라면 124

배롱나무 125

고추 126

고양이 127

구름 128

강물 130

벌 131

귤 132

전기면도기 133

의자 134

오리배 137

불 138

뻐꾸기 139

회초리 140

맨드라미 141

커브 142

향 143

나비 144

개미 146

죽은 잎 147

공갈빵 148

골방 149

5부
평생 홀로 걸어가는 거인이었다

뿌리 153

옥수수 154

소나무 155

바실리 성당 156
모노리텐 158
단풍나무 160
물과 기름 161
물고기 162
새알 164
손 167
두더지 168
꽃병 170
국수 172
유리 173
무지개 174
하늘 175
타란툴라 거미 176
안경 177
공중전화 부스 178
야화 180
견인줄 182
괴목 184
녹우당 186
도서 187
암각시문 188
창 190

1부

허깨비 같은 문자에 속다

비누

비누는 목련과이며 수생식물이다. 그에게 필요한 양식은 약간의 물이다. 물만 있으면 비누는 끝없이 꽃을 피운다. 비누는 생산의 기능을 갖고 있으면서 매 순간 소멸의 장면을 극적으로 연출한다. 생성과 소멸이 동시에 이루어진다. 존재에 대한 미련도 집착도 없다. 아무것도 남기지 않고 자신을 벗어 몸 밖으로 훌훌 날려버린다. 비누는 언제나 물 가까이에 거처를 마련한다. 물은 비누가 가장 좋아하는 상선(上善)이요 마음이 서로 통하는 지음(知音)이다. 부단한 탈각을 통해 존재를 지워나가는 비누는 한 순간 존재의 동작을 멈춘다. 전격적으로 소멸의 장으로 진입한 것이다. 눈앞에 하나의 실체로 존재하던 비누는 어디에도 없다. 유산도, 유언도 남기지 않고 홀연히 자취를 감추어 버린다. '모자'를 보고 '보아뱀 속의 코끼리'를 발견한 사람들이 비누를 호명하면 그는 곱고 유려한 목련의 어조로 답을 할 것이다.

붓

 그가 죽었다. 이름 없이 살다 간 무명의 화가다. 번듯한 갤러리에서 전시회 한 번 하지 못했다. 홀아비로 마흔일곱 해를 살다 간 그는 투병 중에 작업실에 흩어져 있는 그림들을 모두 불태워 달라고 당부하였다. 그가 숨을 거두고, 장례식장에 제일 먼저 찾아온 사람은 고인의 누이였다. 평소 연락 한 번 없던 사람이었다. 여자는 눈물은커녕 부의금부터 챙기고 있었다. 그림 한 점 팔아보지 못한 그는 결혼도 하지 않은 채 당대의 평가에 연연하지 않는다며 오직 그림에만 몰두한 화가였다. 아무도 알아주지 않았지만 막노동과 택배 일로 생계를 유지하면서 병이 악화되기 전까지 그림을 그렸다. 고인의 육신은 벽제에서 화장되어 양평 소나무숲에 잠들었다. 장례식이 끝나고 가까운 지인들이 그가 세 들어 살던 집을 찾아갔다. 그의 누이가 먼저 다녀간 듯 집은 깨끗이 정리되어 있었다. 그가 남긴 그림들은 유언대로 불태웠는지, 쓰레기로 버려졌는지 확인할 길이 없었다. 어두워지기 시작한 산 27번지를 마악 돌아 나오는데 말라 비틀어진 붓 하나가 눈에 띄었다. 무명화가의 짧은 생애가 남긴 마지막 유품이었다. 겨우내 눈감고 있던 숭어가 어디선가 조용히 눈 뜨고 있을 것 같았다.

목련

목련은 1년에 한 번 입을 연다. 요란한 과시와 공허한 야단법석의 시대에 침묵으로 무장한 전사답게 오래 견디었다가 속엣말을 꺼내어 세상에 내놓는다. 주절주절 석 달 가까이 꽃을 피우는 나무도 있지만 목련은 말이 길지 않다. 일주일 남짓 간결, 명료하게 할 말만 하고 다시 입을 닫는다. 중언부언하지 않고 오래 곰삭히던 말을 가장 아름다운 방식으로 표현한다. 헤프지 않게 언어를 구사할 줄 알고, 군더더기 없이 함축의 묘미까지 갖춘 나무다. 꽃의 색도 요란하거나 현란하지 않고 순백의 아름다움을 우아하게 형상화한다. 1년에 한 번 발행되는 연간도서 목련은 이제 갔다. 다시 무문관에서 걸어 나올 목련 존자를 만나기 위해서는 1년을 기다려야 한다. 꽃은, 그의 발언은 어디로 갔나. 보란 듯이 무상한 언어의 조각들을 바닥에 버리고 홀연히 떠났다. 그가 남긴 검은 발자국을 따라가니, 이곳에서 저곳으로 건너가는 흰옷 입은 혼령이 잠깐 보였다 사라졌다.

호치키스

지난 1년 동안 그를 불러낸 적이 한 번도 없다. 서랍궁(宮)에 유폐되어 있는 동안 그는 철저한 고독 속에 있었다. 일절 바깥출입을 한 적이 없으니 그의 눈과 귀는 많이 어두워져 있을 것 같다. 오랫동안 나와 함께 하다가 퇴임 후 서랍 속에 칩거의 장소를 마련한 후에는 상면의 기회가 전혀 없었다. 그의 이름을 '호치키스'라고 부른다. 원래 미국의 발명가 이름으로 고유명사였지만 지금은 일반명사로 쓰인다. 여러 장의 종이를 가느다란 철사로 묶어주는 역할을 담당하였으나 지금은 업무를 손에서 놓은 지 오래되었다. 그러나 그 동안의 공로를 생각하여 그를 서랍궁에 퇴역 상궁처럼 모시고 산다. 대부분의 일생을 좁은 서랍궁을 전전하며 살았던 까닭에 가까운 친구가 없다. 그에게는 오직 고독만이 근친이다. 혼자 지내는 일에 익숙하여 큰 불편은 없으나 되새기던 생각들이 많아 바깥에 나가 할 말은 좀 있을 듯하다. 입을 닫은 지 오래되어 말은 어눌하겠지만 숙성 과정을 거친 사유의 조각들은 제법 날카로워서 마음과 마음을 잇는 일에는 조금이나마 도움이 될 것 같다. 어느 날 서랍궁의 문이 활짝 열려서 철컥철컥 그의 노동이 다시 계속되는 것을 보았으면 좋겠다. 그에게는 아직 여러 척의 철선이 남아 있기 때문이다.

강물

 요즈음 '강물'은 버릇이 없다. 천둥벌거숭이다. 무슨 급한 일이라도 있는 듯 앞뒤 안 보고 파발마처럼 내달린다. 버르장머리 없는 강물을 다스릴 수는 없다. '버릇'은 애당초 고체이기 때문에 본성이 액체인 '강물'은 버릇이 있을 수가 없다. 그러니 기대하지 마시라. 액체에게 고체를 강요하는 것은 폭력이다. 무조건 집단의 구조와 질서에 맞추어 따라오라는 것이 '버릇'을 가르치려 드는 자들의 핵심 강령이다. 요즘 애들은 버릇이 없어 큰일이라고 혀를 차지만 청춘은 버릇이 없어야 한다. 길들여지는 순간 더 이상 청춘이 아니다. 눈치 보지 말고 천둥벌거숭이 강물로 세차게 달려가시라. 오늘도 예버덩 앞을 흐르는 주천강은 '버릇'이 없어 희망적이다.

화초

 내 방 안에 화초가 하나 있다. 생명력이 강하여 무성하게 잎을 피워 올리고, 작은 분홍빛 꽃을 쉼 없이 개봉한다. 여러 송이의 꽃들이 주인공이고, 이파리들은 조연들이다. 화분이 상영하는 영화는 단순한 내용이지만 지루하지 않다. 매일 보는 장면인데 매일 조금씩 다르다. 이파리가 시들어 축 쳐져 있으면 한 컵 정도의 물을 부어준다. 수분을 머금은 화초는 금방 생기를 되찾고 나를 쳐다본다. 의기소침했던 초록의 이파리들이 반듯하게 되살아나 활기를 느끼게 한다. 꽃이 피지 않는 날도 있지만 수북하게 솟아오르는 이파리들은 수국처럼 탐스러워서 가끔 머리를 쓰다듬어 주기도 한다. 그때마다 미세한 떨림과 기의 진동이 잔잔한 물결처럼 손끝에 와 닿는다. 교감의 순간, 이파리들도 몸을 흔들어 화답한다. 일종의 무언의 대화가 오가는 것이다.
 그러나 나는 정작 화초 이름을 모른다. 누군가에게 물어보거나 검색하면 알 수 있겠지만 그러지 않는다. 그냥 이름 없이 내 앞에 현존하는 꽃이 좋다. 이름을 아는 순간 화초는 이름 안에 갇히게 되고, 나와 화초 사이에는 이름이라는 기호가 개입되어 교감을 방해하게 될 것이다. 예전에 어느 선배로부터 시인들이 꽃 이름도 제대로 모른다고 타박

하는 소리를 들은 적 있다. 선배는 온갖 꽃 이름을 외면서 꽃에 대한 자잘한 지식을 늘어놓았다. 한낱 기호에 불과한 이름이 뭔 의미가 있나 하는 생각 때문에 돌아서서 웃고 말았지만 오래 잊히지 않는 기억으로 남았다. 이름을 알기 전에 화초와 직접 교감하고 느끼면서 꽃의 감정에 호응하는 것이 먼저라는 생각은 지금도 변함이 없다. 꽃은 '꽃'이라는 기호보다 힘이 세고, 지식과 정보는 직관과 영감에 뿌리를 대고 있는 시의 감각을 능가할 수 없다는 생각 때문이다.

풀무

수락산 기슭에 둥지를 튼 모 음식점에서 '풀무'를 만났다. 불을 피울 때 바람을 일으키는 기구로 어릴 적에는 '풍구'라는 이름으로 불렀다. 불을 일으켜 세워서 땔감이 잘 타오르게 하는 풀무를 다시 새겨보니 가볍게 보아 넘길 사물이 아니었다. 풀무를 기구로서의 의미로만 한정하는 것은 풀무에 대한 합당한 예우가 아닌 듯 싶었다. 요즈음은 현장에서 퇴역하여 뒷방 퇴물로 물러나 있지만 오랜 세월 타자를 향한 풀무의 헌신을 기억해야겠다. 그것이 풀무에 대한 최소한의 예의가 아니겠나 싶다. 얼핏 차가운 쇠붙이로 보여도 '풀무'는 병약하고 무력한 불을 육성하고 조련하는 불의 어미였다. 불이 힘을 얻어 활활 타오르면 뒷전으로 물러나 내 할 일은 다 끝났다고 조용히 바라보기만 하는, 아무도 기억하지 않는 뜨거운 과거였다.

그네

　그네는 아무리 힘주어 밀어도 마음의 높이에 닿는 법이 없다. 두 발에 잔뜩 힘을 모아 위로 몸을 솟구쳐 보지만 어림없다. 결국 한정된 높이, 그 이상을 허락하지 않는 것이 그네의 법칙이다. 그러나 그네를 타는 사람의 욕망은 늘 한도 초과다. 정해진 선 너머를 욕망한다. 욕망의 과잉을 통제하고 지배하는 그네는 검은 사제복을 입은 수도사 같다. 일정한 높이에 도달한 욕망은 추락을 경험한다. 선택이 아닌 필수다. 그네는 지금 상승과 추락을 반복하는 삶의 이치를 눈앞에서 연출하고 있다. 그네는 어느 한쪽도 옹호하지 않고 단지 보여주기만 한다. 주장하거나 강요하는 법이 없다. 대여섯 살쯤 되어 보이는 아이가 물방울처럼 웃으며 그네에서 내린다. 방금 나무에서 뛰어내린 분홍빛 꽃봉오리 같다. 그네는 다시 무념의 자리에 몸을 멈추고, 아무것도 아닌 것이 된다. 삶이 본래 그렇듯 놀이터에서 '놀이'가 떠나고, 고요와 침묵만이 남았다. 죽음의 자리가 이와 다르지 않겠다.

보도블록

 보도블록은 비정규직이다. 언제 철거되어 폐기될지 모르는 시한부 삶을 산다. 멀쩡한 보도블록도 윗분의 지시에 따라 한 순간 사라져야 한다. 해마다 목격하는 참사다. 단단한 강골의 육체를 가지고 있고, 능력도 탁월하지만 보도블록을 정규직으로 채용하는 관청은 없는 것 같다. 저 아이들이 올 연말까지 무사할지 걱정이 된다. 들어낸 보도블록을 재활용한다는 말을 들어본 적이 없는 것 같아 더욱 그렇다. 쫓겨난 비정규직은 어디 가서 무얼 먹고 사나. 길바닥에 납작 엎드려 가장 낮은 곳에서 등뼈가 부러지도록 헌신, 봉사했는데 걸핏하면 퇴출당하는 신세가 되니 저들은 어디 가서 자신의 처지를 하소연 하나. 이의 제기할 기회도 얻지 못하고, 무조건 위의 결정에 따라야 하는 보도블록의 일생을 들춰보면 축축한 물기가 손끝에 만져질 텐데 그걸 바닥을 사는 이들의 눈물이라고 읽는 사람들이 몇이나 있겠나. 그저 보도블록은 보도블록일 뿐이라고, 바닥은 평생 바닥에 붙박여 사는 것이 그들의 운명이라고, 목소리 높이는 자들이 있을 것 같다. 어두운 빛을 삼키고 새들이 몸 안에 뼈를 세우는 새벽이다.

바퀴벌레

　바퀴벌레는 평생 숨어 사는 은둔 처사다. 그에게는 사실 죄가 없다. 그러나 사람들은 무슨 원죄가 있기라도 한 듯 극도의 혐오감을 드러낸다. 그를 볼 때마다 비명을 지르고 파리채를 휘둘러 때려잡으려고 달려든다. 늘 어둡고 컴컴한 곳에 사는 그는 할 말이 많다. 빛과는 거리가 먼 지하 단칸 셋방에 몰래 숨어 살면서 그가 겪는 애환이 한둘이 아닌데 사람들은 무조건 그를 몰아내려고 한다. 퇴치와 박멸의 대상일 뿐인 그는 도시 빈민의 삶과 크게 다르지 않다. 사람들이 모두 잠든 밤에 나타나 잠깐 바깥 공기를 쐬는 것이 그의 유일한 행복인데 그마저도 여의치 않아 사나운 주인의 눈에 띄어 비명횡사한 동족이 한둘이 아니다. 목숨을 보전하려면 최대한 빛으로부터 멀리 떨어져 있어야 한다. 극빈자답게 변두리 외진 곳, 햇볕도 들지 않고 눅눅한 습기와 곰팡내 가득한 곳에 삶의 거처를 마련한다. 가끔 주변에 달콤한 유혹도 있다. 몇 차례 몰살의 위기를 경험한 그들은 이제 유혹은 곧 죽음의 미소라는 걸 잘 안다. 오직 살아남기 위해서는 죽은 듯 납작 엎드려 지하 갱도의 광부처럼 평생 어둠을 파먹고 살아야 한다. 그들이야말로 어둠의 산 증인이고, 밑바닥 인생의 당사자들인데 아무도 귀 기울이지 않고 오직 멸족

시키는 데만 신경을 곤두세운다. 그들은 '바퀴벌레족'이라는 오명을 뒤집어쓰고 눈부신 빛의 공화국에는 얼씬도 하지 말라는 엄명을 준수하고 살아야 한다. 그것이 멸문의 화를 피할 수 있는 유일한 방법이다. 가끔 그들 편에 서서 한두 마디 발언하는 자들도 있으나 대부분 제 호주머니 채우기에 바쁜 무리들이라 기대를 접은 지 오래 되었다.

지우개

　지우개는 제 몸을 허물어 눈앞의 글자를 잡아먹는 벌레 같다. 내가 사용하는 지우개는 말랑말랑하고 적당한 탄력을 갖고 있으며 달콤한 향이 난다. 지우개의 평생 소임은 글자를 삼키는 일이다. 몸이 사라지는 만큼 글똥을 싼다. 오물오물 글자들을 삼키면서 검은 똥을 남기는 지우개는 평생 글만 쓰며 사는 사람과는 상극이다. 글을 낳는 글쟁이들과 글을 삼켜서 글똥을 낳는 지우개는 서로 다른 방향을 보고 있다. 지우개는 허깨비 같은 문자에 속지 말라고 곰실곰실 온몸으로 발언하고 있다. 쉼 없이 이어지는 몸의 언어를 듣는 사람은 없고, 백지 위에 잡초처럼 돋아나는 글자들은 갈수록 무성해진다. 지우개는 늙고 지친 당나귀처럼 귀퉁이가 뭉그러지고 여기저기 시커먼 얼룩이 묻어 있다. 머잖아 지우개는 머리 검은 글자들을 더 이상 감당하지 못하고, 일선에서 물러나 오랜 노역을 마감할 것 같다. 텅 빈 백지를 지향한 지우개는 평생 언어의 덧없음을 역설하고 떠났다고 후세의 사람들은 기억할 것이다.

물

　물은 언제나 알몸이다. 게다가 투명하기까지 하여 감추는 것이 없다. 왜곡도 은폐도 없이 진솔하다. 물은 쉽게 몸을 허무는 천성을 가지고 있어서 어디에든 잘 스민다. '스밈'의 능력은 그를 따를 자가 없다. 그에게는 권위, 체면, 신분 등이 없다. 국적도 고향도 나이도 없다. 자기에게 집착하지 않아 늘 자유이며 만물과 동체이다. 벌거숭이 알몸으로 천하를 주유하는 물은 하늘과 땅을 가리지 않고 어디에든 머문다. 물은 늘 아래로 흐른다고 하는데 그것은 물에 대한 오해. 인간의 욕망을 순치하고 겸허의 덕을 말하기 위함이겠으나 물은 위와 아래를 구별한 적이 없다. 보이는 것만 보는 습성 때문에 물이 몸을 버리고 공중에 숨어버리는 변신술을 보지 못한 탓이다. 바닷가에는 유리조각, 플라스틱 병, 조개껍질, 찌그러진 깡통 등이 굴러다닌다. 모두 죽은 것들이다. 오직 살아 움직이는 것만이 모래 속으로 스민다. 흰 거품을 물고 자지러지는 파도는 해변의 모래 속에 재빨리 스미어 다시 물의 공화국으로 편입된다. 70대 여배우의 어록에서 경직되거나 정형화되지 않은 물의 맨얼굴을 발견하고 잠시나마 맑은 숨을 쉰다. 그녀는 결박을 거부한 알몸의 물이었다.

비단잉어

"저기 금붕어가 있네."

"그거 잉어예요. 비단잉어---"

 옆에 있던 초등학교 아이의 지적에 나는 언어의 질서 안으로 복귀한다. 금붕어를 '비단잉어'로 정정하여 발음한다. 아파트 연못에 사는 것은 금붕어가 아닌 화려한 의상을 한 황금빛 잉어가 맞다. 요즘 가위를 고구마라고 부르고, 참외를 감자라고 말하는 경우가 있다. 분명한 오독이며 착란인데 순간적으로 원점에서 이탈한 인식의 오류가 오히려 사물의 실체를 더 가깝게 경험하게 하는 때가 있다. 감각의 착란을 통해 가닿는 미지의 지점에서 잠자리가 헬리콥터를 낳고, 혹등고래가 잠수함을 낳기도 하는데 고정된 인식의 틀 안에서는 잉어는 잉어일 뿐 수중 발레리나가 될 수 없다. 나는 한 번 더 중얼거려 본다.

"저기 물의 안채에서 한 묶음의 샐비어가 오래된 슬픔을 열었다 닫네."

등긁개

 등긁개는 실제와 꿈의 간격을 무화시키고, 불가능을 가능의 세계로 견인하는 도구이다. 꿈은 언제나 이곳이 아닌 저곳에 있다. 닿을 듯 말 듯 사람을 애타게 하고, 짧은 팔, 짧은 다리를 조롱하면서 쉽게 자신을 허락하지 않는다. 내가 가지고 있는 등긁개는 수년 전 순천 낙안읍성의 뼈대 있는 집안에서 출가한 것이다. 순천, 선암사, 승주, 담양으로 이어지는 여정에 동행하다가 서울의 한 누옥에 자신의 평생을 의탁하였다. 등긁개는 여러 해를 나와 동거하고 있는 반려의 사물로 등이 가려울 때마다 목표 지점에 정확히 착지하여 난제를 해결해주는 고마운 존재이다. 내가 결별을 선언하고 악력으로 부러뜨리지 않는 한 등긁개는 믿음과 의리를 저버리지 않을 것이다. 시종 변함이 없는 '특별한 예외'에게 찬미의 문장으로 그 덕을 기리니, 오래 나와 함께할 등긁개를 입신양명하지 못한, 향촌 출신의 한미한 신분이라 하여 하대하지 마시라.

냉장고

　냉장고는 한곳에 붙박여 사는 농경민이다. 유목민을 부러워하지만 그는 떠날 줄을 모른다. 밤늦게 찾아오는 사람을 위해 한밤중에도 몸 안에 불을 켜고 산다. 도주와 배신을 모르는 그의 충직함에 주인들은 안도한다. 냉장고는 자신의 능력을 한껏 뽐낼 수 있는 생선이나 육류를 선호한다. 요즘에는 주인들의 과도한 욕심 때문에 소화불량에 시달린다. 유효기간이 지난 식품들이 썩어나가는 경우도 있고, 검은 비닐봉지에 싸여 정체를 알 수 없는 은둔객들도 있다. 주인들의 기억 속에서 사라진 그들은 전전긍긍하다가 쇠잔하여 자진하고 만다. 냉장고가 밤새 앓는 소리를 내더니 새벽에 마지막 숨을 거두고 말았다. 평소 간절히 원하던 탈주의 기회를 얻었다. 냉장고가 토해낸 욕심의 덩어리들이 산처럼 쌓였다. 몸이 가벼워진 냉장고는 마음을 비우고 출가하게 되었다. 운수행각(雲水行脚)하는 스님들처럼 한자리에 이틀을 머물지 않기를 염원했으나 냉장고의 다음 생이 어찌될지 모르겠다.

선풍기

 구시대의 유물처럼 구석으로 밀려난 선풍기는 머잖아 실직자가 될 것 같다. 여름 한철 그를 고용하는 곳이 있지만 그나마 비정규직이다. 대부분의 집이나 사무실에서 에어컨이 주요 보직을 차지하면서 선풍기는 발 디딜 곳을 잃었다. 찾는 사람이 없어 이력서조차 낼 수 없는 처지가 되었다. 에어컨에게 밀려난 선풍기는 고용의 기회를 잃고 한직으로 물러나거나 용도 폐기되는 신세가 되고 말았다. 크게 한번 날아보기 위해서 평생 날갯짓을 했지만 그의 노고는 허사가 되었다. 가을바람이 불기 시작하면 선풍기는 퇴출되어 다시 일터를 떠나야 한다. 헌신과 봉사로 일생을 보낸 선풍기를 눈여겨 본 김영승 시인은 「반성743」이라는 시를 썼다. "선풍기를 발로 눌러 끄지 말자 / 공손하게 엎드려 두 손으로 끄자". 이 정도라도 선풍기에 대한 예를 갖춘 시인이 있으니, 조금은 위로가 되었겠다.

벌레

벌레는 온몸으로 세계를 만진다. 한 땀 한 땀 바느질하듯 세계를 읽으며 앞으로 나아간다. 대단한 독서량이다. 작은 나뭇잎 하나도 허투루 읽지 않고 정독한다. 그의 몸에는 초록의 언어가 가득하다. 카프카의 「변신」에 등장하는 그레고르 잠자가 환생한 것인지도 모르겠다. 벌레를 살며시 만져보면 아기 살처럼 보드랍다. 꺾이거나 부러지지 않고 잘 구부러진다. 몸의 유연성이 탁월하여 덩굴식물처럼 부드럽게 휘어지면서 난세의 협곡을 넘어간다. 그에게 해독되지 않는 세계는 없다. 개운산에서 만난 벌레는 꿈틀거리며 기어가는 상형문자였다. 너무 쉬워서 사람들이 미처 알아보지 못하는 몸의 언어였다. 벌레가 또 다른 문자를 고물고물 읽어나가는 동안 나무는 간지럼을 참지 못하고 기어코 가지 끝에 웃음보를 터트렸다. 수국이었다. 독서광 벌레를 이해한 물색 고운 시였다.

풀칼

　세상에서 가장 부드러운 칼을 경포 호숫가에서 만났다. 풀칼이다. 잡초공방에서 제조한 명검인데 아는 이가 별로 없다. 풀칼의 성분은 '초록'과 '바람'이 전부다. 바람처럼 잘 휘어져서 칼의 성능을 의심하는 자도 있으나 그건 칼을 제대로 이해하지 못한 탓이다. 풀칼은 의식용(儀式用)이나 벽사용(辟邪用)으로 사용되던 명검처럼 한 번도 생명을 해한 적이 없다. 가장 부드러운 것이 가장 강한 것이라는 말을 귀에만 걸고 다니는 사람은 모른다. 심장에 이르지 못한 말은 공허한 검불에 지나지 않기 때문이다. 명검은 '살림'에 뜻을 두고, 담금질 없이 급조한 졸검(拙劍)은 '죽임'에 뜻을 둔다. 명검은 숨어 지내지만 졸검은 수시로 자신을 드러내려고 한다. 명검의 작위를 받은 풀칼은 한 번도 누군가를 시해한 적이 없다. 자신을 함부로 대하는 자가 손가락을 베이는 경우는 있으나 대부분 풀더미 속에서 은인자중하며 조용히 때를 기다린다.

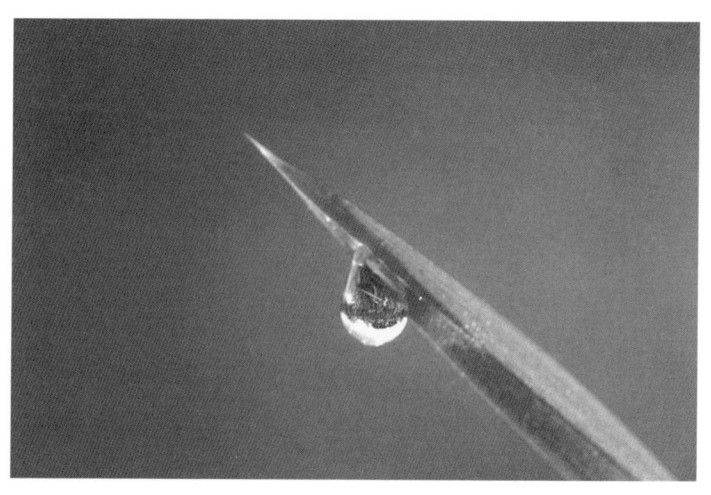

마이크와 스피커

 스피커는 자기 말만 하지 들을 줄을 모른다. 주장과 강조만 있다. 마이크와 스피커는 한 핏줄로 연결되어 있는 이복형제지만 서로 다른 삶을 산다. 발화자의 충실한 노예로 사는 마이크는 듣기만 하고 질문할 줄을 모른다. 예전 마이크와 달리 뇌의 용량이 현저하게 작아진 결과인지 모르겠다. 인문학적 통찰은 질문하기에서 시작되는데 기계처럼 도식적으로 사고하는 마이크는 성실하게 받아들이기만 하고 의문을 갖거나 이의를 제기하는 법이 없다. 한편, 일방적으로 왕왕거리는 대왕 스피커의 억설은 갈수록 고음으로 치닫고 있다. 듣는 귀는 없고 커다란 입만 가지고 있으니 그럴 수밖에 없겠다. 도처에서 숟가락을 질문하고, 국회의사당을 질문하고, 종교를 질문하고, 하천을 질문하고, 광화문을 질문하는 일이 많아졌으면 좋겠다. 온 세상을 다 돌아다녀도 그나마 마음의 닻을 내릴 곳은 이 진창 밖에 없으니.

놀이터

놀이터는 생성 변화의 찬란한 무대이다. 예측할 수 없는 몸들이 자유롭게 뛰노는 공간이고, 망둥어과 아이들이 정형화 된 틀을 깨고 어디로 튈지 모르는 장소이다. 놀이터는 아이들이 있을 때 비로소 정체성이 드러난다. 아이들이 없는 놀이터는 0의 공간이다. 숨 쉬지 않는 땅, 정지된 심장이다. 인근 초등학교에서 나온 아이들이 사방팔방 뛰어다니며 들뢰즈적으로 논다. 제멋대로 이어지고 끊어지며, 헤어지고 만나면서 아이들은 자신들만의 세계를 만든다. 획일적 규칙이나 정보에 얽매이지 않는 자유발랄이 놀이터를 설레게 하고, 춤추고 달리게 한다. 벤치에 앉아서 가만히 보면 얼핏 엉망인 듯 싶은데 무질서 속에 나름의 질서가 있다. 물론 질서는 고착된 법칙이 아닌 변화무쌍한 리듬이다. 리듬에서 이탈하지 않는 한 아이들은 마음대로 놀이터를 굴리고 놀 수 있다. 시소도 미끄럼틀도 그네도 스스로의 의지가 아닌 천방지축인 아이들의 즉발적 감각에 따라 움직인다. 그러므로 '놀이'가 떠나면 '터'만 남아 더 이상 율동하지 않는다. 무정형의 힘찬 호흡이 '터'를 살아 움직이게 하고, 아이들은 '놀이'를 통해서 고삐 풀린 심장으로 무한을 향해 질주한다. 아이들이 가장 화려한 꽃으로 만개하는 순간이다.

공책

 공책이라는 말이 좋다. 요즘에는 거의 사용하지 않는 낱말이 되어가고 있지만 초등학교 때만 해도 노트 대신 공책(空冊)이라는 말을 많이 썼다. 공책은 글자 하나 없는 텅 빈 공터이다. 공(空)의 광활한 대지다. 태초의 거룩한 땅에는 오직 공만 가득하여 인적 없는 낯선 땅이었다. 순백의 땅이 오염되기 시작한 것은 인간이 만들어낸 문자 탓이다. 허깨비 같은 의미를 만들고 가치를 세워서 인간을 옭아매기 시작한 이래 삶의 자리에서 공(空)이 사라졌다. 셋방살이하며 절집 부근에서 근근이 연명하던 공은 쓸모없는 물건이 돼버렸다. 무용이 대용임을 알지 못한 결과다. 그러나 최근에는 공의 심장 소리를 탐지한 귀 밝은 이들이 공(空)을 꽤 비싼 값으로 팔아먹는 일도 생겼다. 오랫동안 천대 받던 공(空)을 삶의 중심으로 견인하는 인문학 강사들과 저자들의 노력 덕분에 공의 숨길이 조금 트인 것이다.

 책을 읽는 도중에 늘 옆에 놓아두는 것이 공책이다. 모든 책의 어미요 모든 문자의 탄생지인 공책에 강한 진동으로 다가오는 문장들을 적어 넣기 위해서다. 그러나 이 또한 부질없는 짓이라는 걸 잘 안다. 가끔 책을 잡고 흔들면 쥐똥 같은 검은 글자들이 도르르 굴러 떨어지는 환상을 본다. 두꺼운 책에서 죽은 글자들이 다 쏟아져 내리면 책은 흰 날개를 퍼덕이며 가벼운 영혼으로 날 수 있을 것 같다. 오늘도 발밑에 수북이 쌓인 글자들의 무덤을 본다. 애당초 본질도, 의미도 없는, 한낱 잠꼬대에 불과한---.

감자

감자는 순박해서 남을 미워하지도 시기하지도 않는다. 원망도 비난도 없다. 한 겹의 얇은 옷 하나 걸친 감자는 수더분하고 소박한 촌부의 모습으로 일생을 산다. 감자는 치장할 줄도 모르고, 누군가에게 자기를 내세우려고도 하지 않는다. 대개 겉이 요란할수록 속이 빈약하기 마련인데 감자는 겉과 속이 한결같아서 그를 의심할 필요가 없다. 무조건 믿어도 실망할 일이 없다. 감자는 특별한 맛이 없다. 심심한 맛이라고 외면하는 이들도 있지만 그건 감자를 제대로 독해하지 못한 탓이다. 감자는 단맛, 신맛, 매운맛을 넘어 무미의 극점에 이르렀다. 아무 것도 아니어서 모든 것인 '맛'이다. 나이 지긋한 '말씀' 하나가 나를 위무하거나 질타할 때가 있는데 요즘 만나는 감자가 그렇다. 감자의 어눌한 말씀 한 덩이를 집어 든다. 세상에 없는 그윽한 저녁이 되겠다.

바위

 '모두'라는 말속에는 폭군이 산다. 걸핏하면 싸잡아서 '모두' 속에 넣어버린다. '모두' 위에 군림하는 폭군이 나타났다. 비 온 후 갑자기 불어난 강물이 사납게 요동치며 흘러간다. 강가에 있던 풀더미, 자갈, 작은 삼각주를 한 순간에 다 삼켜버렸다. '모두' 속에 매장된 개별자들의 얼굴과 목소리가 보이지 않았다. 정치꾼들이 즐겨 사용하는 단어 중 하나가 '모두'이다. 대상의 의지와 상관없이 사용자의 일방적인 의지만 작동하는 화법이다. 홍수로 범람한 강물에 미동도 하지 않는 바위가 있다. 초나라 위왕이 재상으로 모시려고 했을 때 끝까지 관직을 고사한 장자와 같은 사물이다. 거친 강물이 '모두' 속에 포함시키지 못한 자율적 주체, 보편의 틀 밖에서 당당하게 개별적 욕망에 충실했던 존재가 바위였다. 지난해 여름 동진강 상류에서 만났던 바위가 그러했다.

새소리

예버덩에 머물 때 다양한 멜로디를 구사하는 새소리에 매혹되어 녹음한 적이 있다. 지저귀는 소리를 그대로 옮기면 아름다운 시와 음악이 될 것 같았다. 요즘도 가끔 기억이 나면 녹음한 새소리를 다시 듣곤 한다. 그때마다 생각하는 것은 새는 기록을 남기지 않는다는 거였다. 새에게는 문자도 없고, 저장 장치도 없다. 오직 순간, 순간을 아름답게 노래하며 살아갈 뿐이다. 인간만이 무언가를 끝없이 나누고, 판단하며 기록한다. 대부분 몇 년만 지나도 자취도 없이 사라질 것들을 적고, 해석하고, 전달하는 행위를 지속한다. 새와 동물들은 그런 일의 허망함을 일찌감치 깨달은 것 같다. 언어를 초월하여, 개념의 미라에 구속되지 않은 삶의 방식을 터득한 셈이다. 여기저기 글똥을 싸놓고 타인들의 박수와 환호를 기대하는 우리네 모습과는 사뭇 대조적이다. 예전에 절필을 선언했던 몇몇 작가들이 떠오르는 날이다.

봉투

흰 봉투는 입이 무겁고 용모 수려한 선비 같다. 누군가가 봉인하면 봉투는 한일자로 굳게 입을 다문다. 스스로 개봉하여 자백하는 법이 없다. 쉽게 속내를 드러내지 않아서 신뢰하게 되는 보기 드문 덕이다. 속엣말을 탈탈 털어내야 직성이 풀리는지, 쉼 없이 자기 말만 하는 사람들이 있다. 입만 번성하고 귀가 궁핍한 사람이다. 쏟아내는 말도 헤어지고 나서 생각하면 앞뒤 맥락이 없는 이야기들이다. 봉투는 오직 제 주인 앞에서만 발설한다. 한두 장의 백지에 적은 곡진한 사연들이 주인을 만나 환하게 피어나는 순간 봉투의 일생은 마무리된다. 봉투는 목련처럼 단명하지만 맡은 바 소명에 충실한 흰 두루마기 입은 지사(志士) 같다. 편지 쓰는 일이 드문 요즈음은 입 무겁고 거동이 진중한 봉투를 만나기 힘들다. 기껏해야 예식장이나 장례식장에서 몇 푼의 돈을 전달하는 봉투를 만나는 것이 고작이다.

2부

풀꽃들의 강론을 몸에 모시다

돼지

돼지는 억울하다. 온갖 오명을 뒤집어쓰고 평생을 산다. 더럽다, 많이 먹는다, 무지하다, 심지어는 악마, 악령으로까지 매도하기도 한다. 대개 돼지에 대한 정보와 지식은 편집된 것들이고, 대부분의 사람들은 그 내용을 아무 의심 없이 그대로 수용한다. 기존의 지식과 정보에 의해 사육 당하는 셈이다. 오늘도 사람들은 돼지를 편집하고, 진달래를 편집하고, 시대를 편집한다. 편집된 생각은 일용할 양식이 되고, 좌표가 된다. 방송을 통해 알려진 '맛집'에 속은 이들은 안다. 나의 판단, 나의 생각은 일순 정지되고, 주어진 정보는 강력한 메시지로 주입된다, 그때부터 '나'는 사라지고, 내 안에 주입된 정보가 작동한다. 유명 관광지에 대한 정보 역시 마찬가지다. 정보에 의해 편집된 이들은 줄레줄레 주어진 행선지를 따라간다. 입력된 지식과 정보의 바깥 풍경에는 관심이 없다. 결국 몇 장의 사진 속에 매장된 풍경들만 기호처럼 남는다. 그러나 내 발과 내 눈으로 직접 읽은 세계는 언제나 알몸으로 다가온다. 생물이다. 그곳엔 타자가 아닌 내가 있다. 지난 달 경북 군위에서 만난 '한밤마을' 풍경이 그러했다.

섬

　바다는 섬을 점령하지 못한다. 섬은 바다 한가운데 박혀 있는 작은 '점'에 불과하지만 바다의 욕망은 한 번도 실현된 적이 없다. 끝없이 좌절을 반복하며 다시 일어서는 바다는 섬을 삼킬 가능성이 전혀 없다. 과거에도 그랬고, 앞으로도 그럴 것이다. 덩치에 어울리지 않게 섬을 잡고 퍼덕이며 애걸복걸하지만 섬은 완강하다. 어떻게 해서든 섬을 딛고 일어서려는 바다의 의지는 가상하나 바다의 운명은 거기까지다. 섬은 강골의 고독으로 무장하고, 바다와 맞서 혼자 싸우는 무사다. 사면의 적들이 떼 지어 몰려와 섬을 노리고 있지만 고독의 전사를 대적할 상대는 없다. 백전백패다. 바다는 수시로 전략을 바꾸어 부드럽게 다가와 간청하기도 하고, 때로는 사나운 태풍을 앞세워 포효하며 겁박하기도 한다. 그러나 섬은 우뚝 선 암벽으로 번번이 바다를 무릎 꿇게 한다. 섬의 유일한 무기는 어디에도 기웃거리지 않고, 의지하지 않는 단독자로서의 힘센 '고독'이다. 시 역시 출구도 위안도 없이 지상에 위리안치(圍籬安置) 된 외딴 섬이다.

민불

혜범 스님의 '민불(民佛)'에 대한 글 덕분에 새롭게 불상을 만난다. 민불은 권위적이고 위엄 있는 모습으로 가부좌하고 있는 부처님이 아니다. 평범한 중생들의 모습을 그대로 닮은 불상이다. 예수의 모습을 그린 성화(聖畵)는 한결같이 거룩한 형상이다. 견문이 좁은 탓에 성경 속의 예수처럼 웃고 때로는 분노하는 모습의 성화는 본 적이 없는 것 같다. 나는 개인적으로 예수를 높고 거룩한 곳에 홀로 외롭게 두지 말고 인간들 곁에서 파안대소하는 모습으로 형상화하면 어떨까 싶다. 다른 잣대로 신성모독이라고 시비하는 사람이 있을지 모르겠으나 개인적인 바람이 그렇다. 혜범 스님이 소개한 민불은 기존의 틀을 깨고 새롭게 창조된 얼굴이다. 다감하고 정감이 넘쳐서 친근감을 느끼게 된다. 미술의 역사는 항상 국면전환의 역사였는데 민불에서 백성들의 창조적 염원의 일단을 보는 것 같다. 네덜란드 한스 홀바인(1479-1543)이 그린 '무덤 속 그리스도의 죽음'(1521년)이 떠오른다. 이 그림에서 예수는 거룩한 순교자의 모습이 아닌 겁에 질린 나약한 인간의 모습으로 그려진다. 성상파괴적인 홀바인의 그림은 다소 충격적인데 종교개혁 이후의 시대적 상황을 그대로 반영한 것이 아닌가 싶다. 이것을 민불과 연결시

키는 것은 다소 무리가 있으나 기존의 정형성을 탈피한 점에서 민불과의 유사성을 발견한다. 민불은 사람이 곧 부처라는 불교의 핵심 교지를 삶의 현장에서 실천적으로 형상화한 것이 아닌가 싶다. 기층민중들 곁에는 항상 자신들을 그대로 닮은 '웃는 부처님, 애꾸 부처님, 귀가 잘린 부처님' 등이 있었다. 그들은 오래전부터 경전 밖에서 살아 움직이는 부처, 생불이었다.

묵

 묵은 허공의 맛이다. 이도 저도 아닌 슴슴, 심심한 무미의 극치가 묵의 진정한 맛이다. 그러나 사람들은 없는 듯 있는 본래의 맛을 즐기지 않고, 온갖 양념을 얹어 최대한 묵의 순수한 맛으로부터 멀어진다. 양념만 요란하여 묵의 물성만 느끼는데 만족한다. 허공 또한 그렇다. 아무 맛이 없다. 그러나 사람들은 묵을 먹는 방식으로 허공을 포식한다. 이런저런 양념으로 범벅을 하여 허공을 맛나게 먹는다. 먹고 나면 뜬구름으로 사라질 양념 맛만 남고 원재료인 불멸의 허공은 없다. 우리의 삶 또한 그렇다. 허공 바탕에 온갖 색칠을 하며 지젝의 '빨간 구두'를 욕망하는 스스로에게 말한다. 더 이상 묵을 모욕하지 말자. 더 이상 허공을 모욕하지 말자. 묵은 묵대로, 허공은 허공대로 먹자. 무미, 무용의 언어로 허공을 살다 떠난 '그분'이, 시는 쓸 데 없어 아름다운 거라고 한 마디 하는 사이 홍매가 피었다. 어느덧 서울에도 봄이 당도했다.

닭

새벽 네 시 무렵이 되면 어김없이 주천강 건너 마을에서 닭울음소리가 들린다. 번갈아 가며 두 시간 정도를 계속 울어댄다. 새벽에 닭이 우는 이유는 수탉이 영역 표시를 하기 위해서, 또 다른 이유는 빛에 예민한 반응을 보이는 조류의 특징 때문이라고 한다. 이유야 어떠하든 매일 새벽마다 닭울음소리에 저절로 눈이 떠진다. 소리의 종류도 매우 다양하다. 강약, 고저의 차이가 있고, 울음의 무늬와 색깔도 모두 다르다. 새벽빛을 가장 먼저 탐지하고 반응하는 감각기관의 능력은 시인의 예리한 촉만큼이나 놀랍다. 닭울음소리는 아침 일찍 일어나 '계명정진(鷄鳴精進)'하라는 뜻인 듯한데 자리에서 계속 뒹굴다가 닭울음소리의 횟수가 조금씩 잦아들 무렵 자리에서 일어나 창밖을 본다. 인간의 눈에는 여전히 캄캄한데 닭은 어둠 속에서도 필라멘트 같은 빛의 미세한 움직임을 포착하는 듯하니, 닭은 가히 빛의 첫머리를 여는 신령한 사제라 하겠다. 마지막 한 마리는 끝까지 울음소리를 놓지 않고 계속 울어댄다. 모진 난세에 다른 할 말이 더 있는 모양이다. 하긴 마지막 첨언이 더 뜨겁고 절실할 때가 있으니 조금 더 귀를 기울여 보자.

거울

거울은 피하지 않는다. 언제나 정면승부다. 거울은 외면하지도 도피하지도 않는다. 매우 당당하고 솔직하다. 꼼수도 계략도 뒷말도 없다. 어디에 연연하지도 않고 궁시렁거리지도 않는다. 뿐만 아니라 백지의 상태로 자기를 늘 비워둔다. 마음에 담아두는 것이 없다. 그래서 혹자는 거울을 오해한다. 바보 천치라고, 제 몫도 챙기지 못하고 늘 빈손이라고. 맞는 말이다. 그것이 거울의 본성이다. 그에게는 에고가 없다. 에고는 만족을 모르는 괴물이다. 에고는 늘 비교 대상을 만들어 스스로를 혹사한다. 텅 빔의 희열로 가득한 거울은 무엇이든 될 수 있기 때문에 그 무엇도 아닌 삶을 산다. 본질도 진리도 그에게는 헛것일 따름이다. 내가 가닿을 수 없는 거울을 가까운 친구로 두고 자주 들여다보는 이유이다.

뭉크의 그림

 오슬로에 있는 노르웨이 국립미술관에 들른 날은 약간 더운 날이었다. 세잔, 마네 등 거장들의 작품이 있는 전시실로 들어섰을 때 열기가 느껴졌다. 선풍기도 에어컨도 없었다. 뭉크의 작품만 모아 놓은 뭉크관에서 천천히 그림들을 살펴보았다. 그의 대표작 '마돈나'와 '절규'가 같은 공간에 전시되어 있었다. 관람객들은 '절규' 앞에 서서 사진 찍기에 바빴다. 그곳은 사진 촬영을 허용했다. '마돈나'는 대부분 그냥 지나쳤다. 이 작품에 대해서는 몇 가지 전해지는 얘기가 있으나 내가 주목한 것은 그림의 모델이 한때 뭉크의 연인이었던 다그니라는 것. 그와 헤어지게 된 뭉크가 다그니를 요부의 형상으로 그렸다는 것. 그런데 작품이 발표된 이후 뭉크는 세인들의 비난의 대상이 되었다. 이유는 마돈나(성모 마리아의 별칭)를 요부처럼 그려 모욕했다는 것. 실제는 자신을 배신하고 떠난 다그니를 관능적으로 그려 풍자하고자 했던 것인데 세인들은 거꾸로 이해한 것이었다. 성적 황홀경에 빠진 마리아의 형상을 그린 것으로 오해한 대중들은 뭉크를 불경한 미술가로 외면했다. 2차 세계대전 중에는 퇴폐미술로 규정되는 수난을 겪기도 했다. 미술관 밖으로 나오자 오슬로의 햇볕이 뜨겁게 내리쬐었다. 제법 서늘한 기운이 느껴지는 그늘 쪽으로 몸을 피해 천천히 걸었다.

수레

　빈 수레를 모욕하지 말아야겠다. 빈 수레는 요란하지 않고 소유욕이 강하지도 않다. 그는 잠시 몸을 내어줄 뿐 한 번도 물건에 집착한 적이 없다. 수레처럼 무소유를 온몸으로 실천하는 사물도 드물다. 수레를 채우는 것은 사람의 욕망이지 수레의 내심과는 관련이 없다. 수레에게는 대대손손 이어져 내려온 비움의 철학이 있다. 뼈대 있는 가문의 내력이다. 온몸에 숭숭 구멍이 뚫려 있어 축재와는 거리가 멀고, 늘 비워내는 일을 소명처럼 여기고 산다. 빈 수레는 세속의 욕망을 털어낸 선승 같기도 하고, 빈손으로 서 있는 겨울나무 같기도 하다. 실속 없는 것이 떠들어댄다며 빈 수레를 능욕하는 경우가 많은데 수레는 본래 허공을 닮아서 실속을 추구하지 않는다. 세상의 실리나 명예에는 아예 눈길을 돌리지 않는다. 그런 수레가 요란할 리가 없다. 요란한 것은 수레가 아니고, 인간의 욕망이다. 더 이상 빈 수레를 오해하고, 모욕하지 말자.

사막

 우리나라에 사막이 없는 것이 아쉽다. 어딘가에 작은 사막이라도 있다면 그곳은 고독의 성소가 되었을 것이다. 사막을 아무 쓸모없는 불모지 정도로 알고 있는 경우가 많다. 사막은 생산 능력이 없는 땅이 아니다. 사막이야말로 철저한 고독 속에서 벌거벗은 '나'를 대면하는 장소요 갱신과 재생이 이루어지는 공간이다. 삶의 균형점을 회복하여 다른 시간으로 이동하게 하는 장소로서 신화적, 종교적 의미도 함의한다. 카뮈도 당대를 어느 때보다 절실하게 '사막'과 '섬'이 필요한 때라고 말한 바 있다. 오직 홀로 서서 이전의 나를 성찰하고, 세계를 바라보는 방향을 바꾸어 존재를 혁신케 하는 곳이 사막이다. 소멸의 길을 걷고 있는 시골에 작은 땅이라도 사서 사막을 조성해야겠다. 사막사용설명서를 만들어 널리 배포하고, 1년에 한 번씩이라도 '사막'을 사용하게 하면 아귀지옥 같은 세상이 조금은 달라지지 않을까하는 생각을 해보는 것이다.

도마

거친 노동으로 갈라지고 패인 손바닥은 도마 같다. 온몸으로 칼을 받아 삼킨 도마의 곤고했던 생애와 다르지 않아서 사뭇 숙연해진다. 도마 성인, 손바닥 성인이라고 불러도 되겠다. 정경(正經)이 되지 못하고 외경(外經)이 된 도마복음처럼 투박하지만 그의 손바닥엔 지워지지 않는 목소리가 각인되어 있다. 말 그대로 생피 묻은 몸의 언어다. 쩍쩍 갈라져서 피가 흐르기도 하는 손바닥이 도마를 어루만지며 동병상련을 느끼는 날도 있겠다. 도마의 움푹 패어 있는 가운데 부분은 도마가 집중적으로 난도질당한 삶의 자리다. 더 이상 견디지 못하고 자신의 참혹을 끝장내려고 하는 형국 같기도 하다. 전신에 칼자국을 안고 사는 도마의 복음이 죽은 문자에 불을 댕기는 날이 왔으면 좋겠다. 강허달림이 부르는 '미안해요'에는 무수히 많은 도마가 있다.

감나무

　가지가 찢어지도록 열렸던 감이 한 알도 열지 않는 해가 있다. 해거리를 하느라 그렇다. 감나무는 한해를 쉬면서 하늘과 땅의 기운을 충전한다. 그 사이 눈에 보이지 않는 감나무의 노동이 진행된다. 쉬면서 놀고 있는 거 같지만 실제는 방전된 몸을 충전하기 위해 각고의 노력을 기울이는 중이다. 충전이 불가능한 전지는 버려진다. 방전된 몸에는 더 이상 에너지도 열정도 남아 있지 않다. 인간도 이와 다르지 않을 텐데 방전된 상태를 인지하지 못하고, 고갈된 심장을 쥐어짜거나 머리 한 구석에 붙어 있는 지식의 찌꺼기를 동어반복하면서 남은 생을 이어간다. 나 역시 예외가 아니어서 한두 달이라도 어디 낯선 곳에 틀어박혀 해거리를 해야겠다. 거덜 난 몸의 허기를 달래면서 천둥, 번개와 자잘한 풀꽃들의 강론을 몸에 모셔야겠다.

수탉

    닭장 속에 암탉 일곱 마리, 수탉 두 마리가 있었다고 한다. 그중 수탉①이 암탉들을 독점하고 제왕 노릇을 했다. 수탉②는 근처에 얼씬도 하지 못하고 모이도 구석에서 혼자 먹어야 했다. 오랜 시간 온갖 천대와 모멸을 감수하고 있던 수탉②가 와신상담(臥薪嘗膽) 끝에 반란을 일으켰다. 기세등등하던 수탉①을 급습하여 한 순간에 제압했다. 느닷없는 공격에 망연자실한 수탉①은 꼼짝 못 하고 당하였다. 바닥에 납작 엎드려 있던 수탉①의 벼슬에서 피가 철철 흘러내렸다. 수탉②는 수탉①의 머리를 짓누르고 사납게 쪼아댔다. 얼마 못가 버르적거리던 수탉①은 아무 저항도 하지 못하고 최후를 맞이했다. 노예의 삶에서 제왕의 삶으로 도약한 수탉②의 주변에 암탉들이 구구거리며 모여들었다. 수탉②가 전투적 본능으로 새로운 나를 창조한 위버멘쉬의 모습을 보여주었지만 닭이 죽은 현장은 허망한 역사의 한 장면 같았다. 열흘 붉은 꽃이 없는 인간사와 크게 다를 바 없는 닭의 세계였다.

자석

　자석의 식성은 단순하고 일방적이다. 같은 부족의 쇠붙이면 언제든 집요하게 달라붙는다. 상대의 의사는 고려하지 않고 무조건 집착하여 떨어질 줄을 모른다. 앞뒤 가리지 않는 그의 구애는 대개 불행하게 끝나지만 타고난 습성이 탐착을 경계하거나 멀리하지 못하니 어쩔 수 없다. 그에게 마음을 내려놓고 생각을 끊으면 난제가 쉽게 해결될 거라고 한 마디 한들 자석에게는 들을 귀가 없어 소용이 없다. 쇠붙이에 집착하고 있는 자석을 강제로 떼어놓는 것만이 해결책인데 그것도 쉽지 않다. 대학에 재학 중이던 제자가 사이비 종교에 미혹되어 학교를 그만두고 종교 집단에 합류하는 것을 본 적이 있다. 온 가족이 나서서 설득했지만 그의 마음을 돌려놓을 수는 없었다. 맹신과 같은 강한 자력은 자석의 천성이다. 눈을 멀게 하는 맹목의 쇳덩어리인 자석은 일생을 눈앞의 대상에 집착하며 산다. 자석에게 차가운 머리와 뜨거운 심장을 기대하기는 어려울 것 같다. 그에게는 차가운 심장과 돌덩이 같은 머리만 있기 때문이다.

나무

목수의 말에 의하면 같은 수종의 나무도 잘라 보면 속 문양이 모두 다르다고 한다. 호주에서는 일정한 거리 내에서 같은 디자인의 집을 건축할 수 없다고 한다. 획일화된 건축 양식 대신 건물의 다양성을 도모하기 위한 정책 같다. '다름'은 자연스러운 일인데 그것을 불편하게 여기는 경우도 종종 본다. 그러나 나무는 '다름'을 이유로 이웃나무를 배척하거나 동일화를 강요하는 법이 없다. 각자의 위치에서 서로 다른 모양으로 조화를 이루며 살아간다. 후쿠나가 미쓰지는 『난세의 철학』에서 공자의 말에는 성현의 경지에서 범부를 깔보고 질타하는 말투가 들어 있다고 비판한 바 있다. 황하의 흐린 물에 하늘의 푸름을 강요하는 격이라는 저자의 말에 일부 동의하면서 귀가 반짝했던 적이 있다. 모두 성현이 될 수 없고, 모두 하늘이 될 수 없다. 각자 타고난 모양대로 흐르다 어느 한 지점에서 멈출 뿐이다. 그러니 당신의 시는 왜 흰색이 아니라 푸른색이냐고 질책하지 마시라. 문학은 하나의 색이 아닌 여러 가지 색상으로 살아 율동하는 생명체이다.

늑대

개들은 주인에게 애교와 아양으로 일용할 양식을 얻지만 늑대는 사람에게 먹이를 구걸하지 않는다. 늑대의 눈은 고독하다. 귀여움이나 사랑스러움이 없다. 생의 바닥까지 가 본 자의 표정을 하고 있다. 늑대는 상처 입은 구성원이나 약자를 내치지 않고 먹이를 마련하여 연명케 한다. 늙은 부모 늑대를 보살피고, 먹이가 생기면 암컷과 새끼에게 먼저 먹이는 등 인간 못지않은 덕성도 지니고 있다. 구성원 간의 강력한 유대를 통해 생명을 이어가는 늑대는 어떤 경우에도 비루와 누추함을 보이지 않는다. 그것이 자존과 위엄으로 무장한 늑대가 야생의 거친 삶을 살아가는 전투적 생존 방식이다.

망치

　망치에게는 이야기로 풀어내지 못한 감정의 덩어리가 있다. 어릴 적부터 곤고한 삶의 격랑을 헤쳐 오느라 고급의 교양을 몸에 익히지 못했다. 거슬리는 것이 눈에 띌 때마다 불퉁거리는 망치를 오해하는 사람들이 많다. 밑바닥 삶을 견디면서 자기감정을 제어하지 못할 때가 종종 있었으니 그럴 만도 하다. 그러나 망치에게는 돌쇠와 같은 나름의 순정이 있다. 망치를 폭력의 도구로 왜곡하는 자들도 있으나 본래 망치는 시대의 선봉에 서서 구각(舊殼)을 부수고 새로운 것을 창조하는 전사이다. 망치는 오랫동안 세인들의 일방적 해석의 틀 안에 갇혀 지내야 했다. 이제 기존의 의미망에 가두었던 그를 놓아주어야 할 때이다. 외형이 거칠고 뭉툭하여 거부감이 들더라도 망치의 본심은 그렇지 않다는 것을 헤아려야 하겠다. 봄이 멀지 않았다.

눈발

희한하다. 햇볕이 있는데 눈발이 날린다. 한두 점씩 듬성듬성 허공을 나는 눈송이는 아래에서 위로 날아오르기도 한다. 먼 길을 왔으나 기대했던 곳이 아니어서 다시 돌아가고 싶은 모양이다.

"세상 별거 없네"

눈송이는 이리저리 날다가 착지하면서 곧 사라진다. 흔적조차 남기지 않는 깨끗한 소멸이다. 가장 짧은 생을 살다 가는 그를 아무도 애도하지 않는다. 지상에서 잘 놀다 간다고 노래한 시인도 있었지만 괜히 왔다 간다고 읊조린 노래패도 있었다. 무명씨로 허공을 떠돌다가 사라지는 눈송이들이 영속성의 환상에 현혹되지 말라는 무언의 당부 같다. 창가에 서서 흩날리는 눈을 한참 바라본다. 어둡고 쓸쓸한 우리네 삶의 수척한 풍경이 잘 보인다.

구두

　서양미술사에서 가장 유명한 구두가 있다. 바로 고흐의 '구두'이다. 그가 그린 작품을 놓고 하이데거, 샤피로, 데리다 등의 논란이 있었지만 낡은 구두를 시골 아낙의 고단한 삶으로 읽든, 피폐했던 고흐의 자화상으로 감상하든, 다양한 관점을 생성하는 미적 대상으로 보든, 모두 '구두'의 영역에서 벗어나지 않는다. 당대에 철저히 외면당하다가 고흐가 죽은 지 30년이 지난 1920년대에 미술계가 열광하면서 비로소 그의 작품이 빛을 보기 시작했다. 생전에 한 편의 작품밖에 팔지 못했던 고흐의 '구두'를 다시 소환하는 까닭을 봄을 싹 틔우느라 분주한 버들개지들이 알지 모르겠다.

건물

　격조 있고 수려한 건축은 직유법을 쓰지 않고 은유법을 사용한다고 한다. 직유로 건축한 건물은 촌스럽다는 평을 듣는다고 한다. 항아리 모양으로 집을 짓거나 거북이 모양으로 집을 짓는 것을 말한다. 자연에서 얻은 발상을 은유의 기법으로 형상화할 때 아름다운 건축물이 태어나는 것인데 우리는 '높이'에 대한 과도한 환상에만 치우쳐 있는 것 같다. 주변 환경은 전혀 고려하지 않고, 경쟁적으로 고층에만 집착하는 것은 내가 주인공이고, 내가 최고라는 자기중심적 욕망의 결과가 아닌가 싶다. 얼마 전 송도에서 초고층 151층 타워 건축을 요구하며 주민들이 삭발 시위까지 했다는 얘기를 들었다. 외계에서 내려다보았을 때 우리나라의 건축물은 흉물스럽다는 평을 들을 것 같다. 무조건 높고, 크게만 짓는다고 최고의 건축물이 되는 것이 아닌데 아직도 우리는 아파트와 고층건물 위주의 획일적 구조에서 탈피하지 못한 것 같다. 세계적인 건축가 자하 하디드(Zaha Hadid)의 유작인 동대문디자인플라자처럼 좀 더 다양한 표정의 건물들이 나타났으면 좋겠다.

목화

　목화를 보지 못한 지도 오래되었다. 요즘에는 곱고 단아한 모습 때문에 관상용으로 키우는 사람들도 있다고 한다. 목화는 파종하고 한 달이 지나야 싹이 트고 여름철에 꽃을 피워서 열매를 맺는다. 흰색이었던 꽃이 부끄러움을 알기 시작하면서 연한 분홍빛으로 변한다. 발그레한 꽃이 맑은 별을 만나 몇 번의 여름밤을 함께하고 나면 초록의 동그란 꼬투리가 생겨서 배가 불러온다. 불볕 아래서 산고를 견딘 꼬투리가 몸을 여는 순간 입가에 구름 한 송이 피어난다. 그때 죄 한 점 묻지 않은 목화의 마지막 독백을 듣게 된다.

　"평생 움켜쥐고 있던 것이 고작 구름 한 줌이었네"

빨랫방망이

빨래의 고수가 있다. 요즘은 세탁기에게 비법을 전수하고 뒷전으로 물러났지만 예전에는 그의 기술을 능가할 자가 없었다. 그가 형을 집행하는 장소는 주로 동네 우물가였다. 더러워진 옷가지를 가져다가 물고문을 한 다음 곤장을 휘둘러 제압을 하고 주리를 튼다. 대부분 징징거리며 눈물을 뚝뚝 흘리면서 읍소를 한다. 그러나 집행관은 실토를 할 때까지 사정없이 내려친다. 결국 옷가지들이 오물을 다 토하고 널브러지면 주리를 틀어 마지막 한 마디까지 뱉어내게 한다. 자백을 마친 옷가지는 곧바로 십자가형에 처해지고 마침내 부활의 새날을 맞아 백의의 천사가 된다. 시를 비롯한 모든 문화 예술의 창조 과정도 이와 같다. 요지부동의 고정관념이나 고집불통의 통념을 잡아다가 몽둥이질부터 해야 하는데 방망이 들기를 주저하는 자는 니체(Friedrich Nietzsche)의 망치 학교에 입학시키는 것도 한 방법이겠다. 오염된 옷은 썩은 내와 곰팡이만 낳는다고 하니, 시의 옷자락이 눈부시게 펄럭일 때까지 공유자가 많은 통념의 머리통을 두들겨 패면서 새 언어를 만드는 일이 글 쓰는 이들의 몫이겠다.

치약

　치약을 더 이상 고문하지 말라고 해도 소용없다. 악덕 사채업자들과 세리들에게 목이 졸려 마지막 남은 한 톨 양식마저 토해낸다. 더 쥐어짜라고, 끝날 때까지 끝난 것이 아니라고 닦달을 한다. 역병이 창궐하여 소작농 같은 영세 자영업자들은 죽을 맛이지만 그들의 형편을 헤아리지 않는 자들은 가혹한 고문을 이어간다. 수탈당하여 몸이 비틀어진 치약은 날마다 극단의 상황에 몰린다. 건물주의 독촉에 몸이 오그라들고, 목구멍에서 나오는 것은 혼절하여 내뱉는 거품밖에 없다. 배부른 자들은 피골상접하여 살가죽만 남은 치약의 사정을 알지 못한다. 입에 발린 기도문 속에 치약의 불우가 의례적으로 등장하지만 거기까지다. 결국 치약은 사지가 절단되는 최후를 맞는다. 기운이 없어 토해내지 못한 마음의 찌꺼기까지 긁어간 자들은 껍데기만 남은 치약을 쓰레기통에 버린다. 치약의 비극적 일생은 그렇게 끝이 난다.

참깨

괴산 소수면에서 태어나 자란 참깨의 짧은 일생을 본다. 삶의 끄트머리에 나란히 누워 곤장을 맞고 있다. 이실직고만이 살 길이라 바로 실토를 한다. 숨어 있던 진실의 알곡들이 쌀알처럼 쏟아진다. 땡볕과 곤장의 시간을 견딘 깨알들에게 마지막 능지(陵遲)의 형벌이 기다리고 있다. 나치 치하의 유대인들도 아닌데 아무 죄도 없이 형장으로 끌려와 몸이 으깨지는 고문을 당한다. 강제 연행되어 최후를 맞는 참깨는 가문 대대로 이어온 향기를 유언으로 남긴다. 요절한 시인의 유고작을 보는 것처럼 아름다운 슬픔이 거기에 있다. "황홀과 서글픔은 한 몸"이라는 정진규 시인의 「서글펐다」가 손에 잡힌 날이다.

꽃

나는 '온통'이 싫다. 봄, 가을이 되면 전국 곳곳에서 꽃 축제 소식이 들린다. 온통 빨강, 온통 분홍, 온통 노랑, 온통 하양은 내 기호가 아니다. 장미, 튤립, 국화 등이 한곳에 모여 도열하고 있는 모습을 보면 나치들의 행진 같기도 하고, 러시아 군대의 집단 사열 모습 같기도 하다. 무리 지어 세를 과시하는 전체주의 분위기가 물씬 난다. 개인의 취향이겠지만 그런 곳에서는 아름다움을 느끼지 못하겠다. 나는 산과 들에 아무렇게나 피어 있는 야생화가 좋다. 도발적이거나 자극적이지 않은 수수하고 담백한 색과 모양이 마음을 편안하게 한다. 떼 지어 몰려 있지 않고, 각자 혼자여서 조금은 쓸쓸해 보이기도 하지만 개별적인 아름다움과 향기가 매몰되지 않아 좋다. 적극적인 고독의 끝에서 돌올하게 피어오르는 독창, 그곳에서 명사적으로 굳어지지 않은 충일한 생명력을 느끼는 것은 나 혼자만의 유별난 기벽일까?

간판

　이상하고 신기했다. 북유럽 거리에는 기관이나 단체, 업체의 간판이 거의 눈에 띄지 않았다. '채움'이 아닌 '비움'의 미학을 실천하고 있는 것 같았다. 요란한 구애의 문구들이 보이지 않아 도심의 거리가 군더더기 없이 깨끗해 보였다. 불필요한 수사와 요설이 덕지덕지 붙어 있는 문장처럼 수십 개의 간판으로 어지러운 우리의 도심 풍경과 달리 그곳은 단순하면서도 세련된 느낌을 주었다. 타인의 눈에 잘 띄게 하기 위해서 경쟁적으로 간판을 갖다 붙이는 점주들의 입장을 이해 못하는 것은 아니나 간결하게 형식을 바꾼다거나 축소하는 것이 오히려 소비자의 눈길을 끌 수 있는 역발상이 아닐까 싶다. 번잡한 수사를 걷어내야 글의 핵심이 명료해지듯 휘황한 조명, 어지러운 원색의 색상과 터무니없이 큰 글자들이 난무하는 공간이 아닌 여백이 숨 쉬는 도시가 되었으면 좋겠다. 덴마크 코펜하겐 카페거리에는 업소 간판 하나만 보였다.

3부
세상의 아픈 모서리들이 잠시 쉬었다 가다

접시

접시가 깨졌다. 여러 조각으로 흩어져 하나가 될 가능성은 없다. 접시는 단호하게 결별을 작정한 것 같다. 갈라진 면이 칼날처럼 날카롭다. 상대를 향한 눈빛이 매섭다. 허상으로 남은 동맹의 자세에 대한 염오가 극심했던 것 같다. 결속, 혈맹, 언약 등의 말은 파괴, 분열, 이별 등을 전제로 하여 지어진 거푸집 같은 것이어서 사용에 각별한 주의가 필요하다. 독성이 강하기 때문에 맹신했다가 평생 상처를 안고 사는 이들이 한둘이 아니다. 박리제를 거푸집에 발라 콘크리트에서 거푸집을 떼어내기 쉽게 하듯 확신과 신뢰에도 수성 박리제를 발라둘 필요가 있다. 무조건 믿었다가 결정적인 순간에 칼을 맞은 사람이 여럿이다.

만년필

 서랍 안쪽에서 잊고 있던 만년필을 발견하였다. 한때 내밀한 언어를 여러 지면에 흘리던 필자였으나 유폐된 지 오래 되어 잊힌 시인이 되었다. 요즘은 백지의 정수리에 푸른 별자리를 새겨 넣던 그를 호명하는 사람이 없다. 인간에 대한 염오로 시단을 떠난 그는 시를 쓰지 않고, 서랍 속에 가매장되었다. 격외의 방언을 알아듣는 이들이 없어 그가 밖으로 나올 가능성은 없다. 서랍의 밀실로 흘러드는 실오라기 같은 빛에 눈길을 준 적도 있으나 '부질 없음'에 방점을 찍고 돌아섰다. 물위에 쓴 봄날의 문장이 잠시 일렁이다 사라진 지도 여러 해가 지났다. 단명한 만년필의 생애를 추억하며 족적을 뒤적여보니, 예전에 그의 시는 아무도 모르는 부족의 노래였다.

뻥과 빵

'뻥'과 '빵'은 생김새가 비슷하다. 동족이다. 뻥과 빵은 누구나 좋아하고, 잘 부푼다는 공통점이 있다. 소비자는 모른 척 속아줘야 하는 의무가 있다. 따진다고 규명한다고 설치지 말자. 그럴수록 더 많이 부푸는 성질이 있다. 중요한 것은 차이점이다. '뻥'은 먹을수록 속이 헛헛하지만 '빵'은 먹을수록 배가 부르다. 곳곳에서 '뻥'이 난무한다. 주의사항은 과식하지 않는 것이다. 과식하여 맹신과 광신으로 치닫는 종족도 있다. 여의도 인근 노른자위 땅을 차지하고, 뻥을 대량생산하여 판매하거나 공짜로 나누어 주는 우량 기업체가 있다. 유명 빵집 이름을 도용하여 '뻥'을 감춘 OOO당, OOO당이라는 업체이다. 차라리 부도라도 나면 좋을 텐데 그럴 가능성이 없어 걱정이다.

곰팡이

곰팡이는 선지자다. 위급 상황을 알리는 잠수함 속의 토끼 같은 존재이다. 산소가 부족하면 가장 민감하게 반응하는 토끼의 상태를 보고 잠수함에 산소를 공급하던 시절이 있었다. 토끼는 시대의 안테나 역할을 하던 시인부족과 비슷한 동물이다. 토끼만큼의 뛰어난 미모를 갖지 못한 탓인지 곰팡이는 어디서나 천대를 받는다. 열악한 환경에서 같은 역할을 하는데도 곰팡이에 대한 예우는 멸시와 혐오가 전부다. 벽지 너머 어둡고 습한 곳에서 비상시국을 알리지만 일상에 마취되어 사는 이들은 곰팡이의 존재를 눈치 채지 못한다. 견디다 못한 곰팡이의 정동이 폭발한다. 답답함을 참지 못하고 후각에 호소하여 실체를 알린 후에야 사람들은 벽지 너머를 의심하고 뒤늦게 문제의 원인을 발견하지만 이미 때는 늦었다. 오늘도 여전히 일상 곳곳에서 곰팡이는 활약 중이다. 곰팡이의 발언을 기층민중의 거칠고 험한 항변으로 폄하하지 말고, 파국의 방향을 바꾸는 국면 전환의 기회로 삼았으면 좋겠다.

도서관

　도서관은 고물상을 닮았다. 둘은 이복형제가 아닌가 싶다. 도서관이 잡동사니 기억의 저장고라고 한다면 고물상은 물건들의 공동묘지라고 할 수 있다. 활용도 면에서 보더라도 둘은 서로 비슷하다. 요즈음은 도서관의 역할을 컴퓨터에 일부 양도하긴 했지만 여전히 많은 사람들이 도서관을 이용한다. 컴퓨터로 해결할 수 없는 갈증을 도서관이 대신해주기 때문이다. 도서관은 선인들의 온갖 기억을 저장하고 있다가 찾는 사람들에게 조금씩 내어준다.

　고물상은 일단 용도 폐기된 물건들의 종착지이긴 하지만 대부분 재활용된다. 쓰레기라는 오해를 받고 버려졌으나 세례 의식을 거쳐서 다시 누군가의 손에 넘어가 부활과 재생의 기회를 갖게 된다. 그러나 도서관과 고물상은 '망각'을 모르는 불치병을 앓고 있다. 기억과 저장 능력은 탁월하나 망각의 기능은 거의 퇴화되었다.

　보르헤스의 단편 '기억왕 푸네스'에서 일찍 생을 마감하는 푸네스의 죽음은 상징하는 바가 크다. 푸네스는 오늘날 대용량 컴퓨터와 비슷하고, 도서관과 고물상의 현신이라 볼 수 있다. 그러나 '기억'의 과다 복용으로 푸네스는 조기 사망한다. 죽음과 소멸을 구원으로 생각했던 보르헤스는 이 작품을 통해 기억과 망각의 균형점을 환기하고자 했던 것이 아닌가 싶다. 그 둘은 순환하며 삶 앞에 쉼 없이 출현한다. 새롭게 나타난 것은 과거에 망각했던 것의 재등장이고, 망각은 다시 기억을 허물어 과거로 돌려보낸다. 그러므로 기억과 망각은 병행되어야 하는데, 요즈음은 무덤을 도굴하지 않아도 컴퓨터에 매장되어 있는 과거의 기억을 무한정 소환하여 이용할 수 있다. 망각을 모르는 푸네스 같은 존재가 컴퓨터인 셈이다. 차고 넘치는 '기억'의 무게에 질식사한 푸네스를 애도하면서 한도 초과한 아름다움 때문에 단명하는 목련의 생애도 헤아려 보는 중이다.

숯

숯은 생사를 동시에 품은 검은 알이다. 연료로서의 의미를 넘어 숯은 다양한 메타포로 다가온다. 이에 착안하여 30여 년 동안 숯과 교감하며 작업을 이어 온 미술가도 있다. 숯의 작가라고 불리는 이배(1956~)가 그렇다. 숯은 매력적인 사물이다. 외형적으로는 생을 마친 나무의 유골인 셈이지만 내부에는 뜨거운 욕망의 덩어리를 그대로 안고 있다. 언제든 점화되면 생명의 불꽃이 활활 타올라 생사를 아우르는, 포월의 경지를 보여준다. 무덤이며 알이고, 알이면서 무덤이다. 생사의 구별 없이 초극의 경지에 있는 숯을 노래한 시를 쓴 적도 있으나 독자의 눈에 탐탁지 않았는지 거론된 적은 없다. 그러나 '숯'에서 '동백'까지 자유롭게 이어지던 상상의 회로는 여전히 황홀한 기억으로 남아 있다. 나에게 숯은 알이면서 동시에 가장 뜨거운 꽃이었다.

책

올 초에 책을 종이쓰레기로 버린 적이 있다. 출판된 지 60년쯤 된 책인데 세로쓰기로 되어 있고 활자도 너무 작아 돋보기를 쓰고 봐야 될 정도였다. 누렇게 변색된 종이는 바스러질 정도여서 더 이상 책으로서 읽힐 가망이 없을 듯하여 아쉬웠지만 사망선고를 내릴 수밖에 없었다. 세상의 모든 책이 언젠가는 같은 운명을 맞겠지 하는 생각을 하니 좀 씁쓸했다. 18세기 당시만 해도 귀족들은 여행할 때 포켓판 크기의 책 30~40권 정도를 가지고 다닐 정도로 책을 가까이 했고, 많은 도서를 소장했다고 한다. 뿐만 아니라 로마 귀족들은 수천 권의 저서로 채워진 서고를 소유하고 있었다고 한다. 그러나 현재는 일부만 희귀본으로 남아 전해지고 대부분 소실되고 말았다. 10세기 때 이란 바그다드에 살았던 알-나딤이라는 제본공은 자기가 제본한 책에 흥미를 느껴 책의 내용을 요약한 목록집을 만들었다. 현재 목록집 『알-피리스트』는 남아 있지만 당시 제본한 책은 모두 사라졌다. 도서관에 산처럼 쌓여 있는 책들 중에서 앞으로 500년 후까지 살아남을 우리나라 도서는 과연 몇 권쯤 될까?

진달래

정릉(貞陵)의 화자는 진달래다. 작품 속 화자처럼 정릉의 중요한 위치에서 봄을 발언하고 있다. 화사하면서도 은은하고, 영산홍처럼 요란하지 않아서 좋다. 매년 이맘때가 되면 찾아가 상면하는 봄꽃이다. 1년에 한번 출연하는 연기자 같기도 하다. 진달래는 고정 출연자이기 때문에 어디로 가지도 않고, 갈 수도 없다. 야산 중턱에 서서 오가는 이들을 물끄러미 바라보는 일이 그의 배역이다. 사람들은 정릉의 보조 출연자 정도로 여기고 눈길을 주지 않다가 봄이 되어서야 그의 존재를 확인하고 반가워한다. 가끔 함께 사진을 찍자고 조르는 팬도 생겼다. 나도 그 중의 하나이다. 정릉을 품고 있는 야산은 한 바퀴 도는데 30여분이면 충분하다. 천천히 걸으며 머리를 식히는데 이만한 곳이 없다. 게다가 봄만 되면 숲 가운데 서서 존재감을 드러내는 진달래는 정릉의 주인인 신덕왕후의 고혼 같기도 하여 애틋하다. 태종에게 방번, 방석 두 아들을 잃고, 죽어서도 온갖 능욕과 모멸을 당한 왕후가 자신의 한과 울분을 진달래로 표현하고 있는 것인지도 모르겠다. 고통이 꽃이 되기까지의 긴 여정은 한 편의 시가 완성되는 과정과 흡사하여 진달래 곁을 쉬이 떠나지 못하였다.

우상

'영웅' 제조공들이 있다. 주로 예술 및 학술 분야에서 활약 중인 그들은 적잖은 연봉을 받으면서 '영웅'을 제조하여 요긴하게 사용한다. 영웅의 이름을 딴 상을 만들어 돌아가며 타먹기도 하고, 기념비와 동상을 세워 기리기도 한다. 동일 분야에서 이의를 제기하거나 비판의 날을 세우는 자가 있으면 뭇매를 맞는다. 집단 테러를 당하여 지탄과 매도의 대상이 되어 퇴출되는 경우가 많다. 영웅이 극복의 대상이 아닌 숭배의 대상으로만 존재하면서 방송, 언론, 대형 출판사들까지 제조공들을 거들고 나선다. 영웅은 고가의 상품이기 때문이다. 과거완료형이 아닌 현재진행형이라며 온갖 칭송과 찬사를 이어가며 영웅을 팔아먹는다. 제조공들이 여러 차례 우려먹은 자료들을 가지고 유사하거나 같은 결론을 되풀이하면서 북 치고 장구 치는 사이 영웅은 슬며시 '우상'으로 등극한다. 그때부터 우상은 본격적으로 사람들에게 소비되기 시작한다. 그들의 말에 현혹된 얇은 귀들도 덩달아 우상을 소비한다. 머리부터 발끝까지 조각조각 해체된 우상은 여러 토막으로 분절되어서도 목숨을 이어가니 대단한 생명력이다.

가위

 가위는 새로 진화하지 못했다. 원단 자르듯 허공을 가위질하며 날아야 하는데 현실이 여의치 않아 꿈을 접어야 했다. 그의 부모가 한미한 고물상 출신이라는 이유도 있고, 구석에 굴러다니는 쇠붙이의 신분이어서 권문세가의 한량들과 교우하지 못한 탓이라는 말도 있었다. 한때 흰소리나 하면서 세상을 주유하며 떠돌 생각도 하였으나 뜻을 이루지 못하고 주저앉아야 했다. 승천하지 못한 이무기의 신세가 된 이후로 그는 세상에 복수라도 하듯 싹둑싹둑 자르는 일에만 몰두하였다. 옷감을 자르고, 미래를 자르고, 사람들의 외골수 주장들을 잘라냈다. 그의 눈에 띄면 가차 없이 절단이 났다. 일도양단의 투사가 되어 문명도 얻었으나 언젠가부터 그를 슬슬 피하는 사람들도 생겨났다. 그러나 주위의 시선에 아랑곳하지 않고 분노의 가위질은 계속되었다. 평생 닥치는 대로 세상을 잘라대기만 한 그는 정작 자기 안의 허방을 보는 눈이 없었다. 뒤늦게 일방적이고 독단적인 마음부터 잘라내야 한다는 것을 깨달은 몇몇은 스스로 몸을 부러뜨려 날카로운 통찰의 눈을 갖게 되었고, 몇몇은 바늘로 다시 태어나 자신이 토막 낸 세상의 조각들을 한 땀 한 땀 잇는 일로 여생을 보내고 있었다. 그들과 가까이 하던 중에

'가위'를 '가새'로 부르던 어릴 적 기억이 떠올랐고, '가새'에서 여러 마리의 새가 날아올랐다.

스티커

　스티커에는 유목민의 유전자가 있다. 스티커는 적응력과 사교성이 뛰어나서 어디에나 잘 붙는다. 사교계에서는 이미 그의 명성이 널리 알려져 있다. 익숙함으로부터 쉽게 결별하는 것도 그의 장기다. 사유의 경계석을 옮기는데 망설임이 없다. 정 들면 지옥임을 깨달은 스티커는 어느 한곳에 집착하지 않고, 언제나 떠날 준비를 하고 있다. 스티커의 국경 너머에는 표지석이 여럿이다. 오래전부터 농경을 주업으로 한 곳이라 유목의 나라와는 달리 비석과 표지석이 유난히 많다. 오늘 아침에도 '바르게 살자'라는 무지막지한 크기의 표지석 옆을 지나쳤다. 요지부동의 자세로 동네 조폭처럼 폼 잡고 있는 표지석은 백 년 후에도 변함없이 같은 자리를 지키고 있을 것 같다. 변화와 유동을 모르는 표지석은 위압적 자세로 일관하고 있다. 그러나 몸 가벼운 스티커는 유목민의 후예답게 한 곳에 머물지 않고, 슬금슬금 발가락 끝을 고물거리며 떠날 채비를 한다. '다르게 느끼기 위해, 더 많은 것에 도달하기 위해' 스티커는 벌써 한 쪽 발을 들고 일어서는 중이다.

된장

 예전 직장 동료 중 "이런 된장!"을 입버릇처럼 달고 다니던 이가 있었다. 비슷한 예를 움베르토 에코와 장클로드 카리에르의 대담집 『책의 우주』를 읽다가 발견하였다. 알프레드 자리의 풍자극 「위뷔 왕」 (1896년)에 등장하는 위뷔는 아내의 부추김으로 폴란드 왕을 죽이고 왕위에 오른 어리석고 탐욕스런 인물이다. 그의 입에 밴 단어 merdre(메르드르)는 merde(메르드)에 어중음 r을 첨가하여 만든 표현으로 비속어를 고상함으로 포장하려는 졸부의 우스꽝스런 허식을 보여주는 것이라고 한다. 뛰어난 번역가 임호경은 이를 어떤 일이 뜻대로 되지 않아 실망할 때 욕으로 하는 "이런 젠장!"을 "이런 된장!"으로 표현하는 것과 같은 것으로 설명하고 있다. 요즈음의 현실을 보면서 예전 동료가 그랬던 것처럼 나도 한 번 큰 소리로 외치고 싶다.

 "이런 된장!"

딱정벌레와 흑바구미

 딱정벌레와 흑바구미의 공통점은 위험에 처했을 때 죽은 척하면서 천적의 공격을 피한다는 점이다. 그들 나름의 생존 방식이겠으나 곤충들의 의사(擬似) 행동을 곱게 보지 않는 시선도 있다. 니체는 이런 예를 두고 『도덕의 계보학』에서 '저급한 차원의 영리함'이라고 말한 바 있다. 실제 현실에서 체념과 무력함을 선함으로 포장하고, 비겁함은 겸허, 강자에게 복종하는 것은 순종, 복수할 능력이 없어서 저항하지 못하는 것을 용서라는 이름으로 미화하고 합리화하는 경우가 있다. 맞서 싸워야 할 적 앞에서 죽은 척하며 매 순간 위기를 모면하는 것이 근본적인 해결책이 아니라는 것을 딱정벌레와 흑바구미도 잘 알고 있을 것 같다. 가지에서 도르르 굴러 떨어져 꼼짝하지 않고 있는 흑바구미를 톡톡 건드려본다. 옆에 있던 돌멩이도 침묵으로 일관하는 그의 위장 전술을 이길 수 없겠다.

바나나

달빛에 물들어 노랗게 익은 바나나가 이틀째부터 점박이로 변신한다. 점은 빠르게 번져 온몸이 흑사병 환자처럼 검게 변한다. 바나나의 자발적 의지다. 바나나는 옻칠한 검은 관 속에 자신을 묻는다. 당신이 쓴 책을 모두 없애라고 했던 법정 스님이 그랬듯 지상에 남은 존재의 흔적을 어둠의 붓질로 한 점 한 점 지워나간다. 카프카 역시 친구 막스 브로트에게 『선고』 『변신』 『시골 의사』 등 몇 작품만 남기고 자신이 썼던 글들을 모두 불살라 달라는 유언을 남겼다. 보통의 사람들은 생전에 무언가를 남기기 위해서 안간힘을 쓰지만 바나나는 자신의 일생을 먹물로 지운다. 세간에서는 기념비를 세우고, 호화 양장본의 책을 내고, 흉상을 만들고, 바위에 이름 석 자 새기는 등의 일을 한다. 가까이에서 지켜본 인간의 행태를 답습하고 싶지 않아서 바나나는 숯덩이의 형질 변이 과정을 오래 독학하였다. 그 때 터득한 방법으로 바나나는 짧은 생을 마감하는 중이다. 머잖아 평생 친구로 지냈던 어둠이 큰 날개를 펴서 바나나의 마지막을 덮어줄 것이다.

지렁이

지렁이의 탈주가 시작되었다. 새로운 영토를 찾아 머물던 집을 버리고 알몸으로 길을 나섰다. 지렁이의 삶은 명사가 아니라 동사다. 그의 이주는 목숨을 걸고 하는 행위다. 상당수의 지렁이들은 도중에 목숨을 잃는다. 개미들의 집단 테러로 객사하기도 하고, 태양의 화염방사기 공격에 아스팔트 바닥에서 말라 죽기도 한다. 그러나 죽음을 각오한 지렁이의 탈주는 멈추지 않는다. 멀지 않은 곳에 지렁이가 그토록 염원하던 신세계가 있다. 포기하고 돌아서면 그만이지만 지렁이는 안락과 나태 대신에 도전과 모험을 통해 삶의 갱신을 도모하는 중이다. 아무도 발 딛지 않은 신생의 땅에 이를 때까지 지렁이의 고단한 여정은 멈추지 않을 것이다. 그곳에 처음 보는 낯선 시가 있고, 미지의 매혹이 있기 때문이다.

풍선

풍선 속에는 '뻥'이 산다. 터지고 나면 남는 것이 아무 것도 없다. 너나없이 서로 경쟁하듯 현학과 허세의 '뻥'으로 한껏 부풀어오른다. 뻥은 실체가 없고, 영생하지 않는다. 00교 교주도 그걸 알고 있었지만 신도들에게는 뻥은 영원하다고, 뻥을 치며 혹세무민하였다. 뻥의 성분에는 마취제, 완화제, 청량제 등이 골고루 섞여 있다. 00교 교주에게는 원한의 방향을 바꾸는 놀라운 기술이 있었다. 신자들을 죄인으로 만들어 자신들의 고통을 벌의 상태로 이해하게 하는데 '뻥'만 한 것이 없었다. 뻥에 마취된 사람들은 뻥의 사술(邪術)로부터 벗어날 길이 없다. 뻥의 힘으로 풍선은 점점 커지고, 한 순간 처참한 최후를 맞이한다. 최근에는 풍선을 꼬드겨 하늘 높이 올라가 대왕별을 잡으려는 '뻥'들이 다수 있었지만 모두 상공에서 사지가 찢기는 거열형을 당하고 말았다.

스펀지

 장미는 가시를 거부하지 않는다. 가시가 꽃의 파수꾼이라는 것을 잘 알기 때문이다. 장미의 애제자 중 '스펀지'가 있다. 스펀지는 장미 선생 곁에서 오랜 시간 동안 수용의 방식을 터득했다. 동문수학한 자들이 많았으나 모두 일찍 곁을 떠나고 유일하게 스펀지만 남아 스승의 뜻을 깊이 헤아렸다. 불가의 가섭 같은 존재였다. 스펀지는 거부하지 않는다. 수용의 탁월한 능력을 가진 스펀지는 거부가 존재에 대한 대항이고, 삶을 협소하게 하는 독성물질이라는 것을 깨달았다. 아직 스승의 경지에 이르지 못해 사나운 가시도 가까이 두는 도량을 갖추지는 못했으나 배척보다 포용이 세계를 더 멀리 볼 수 있는 혜안을 갖게 한다는 것을 배웠다. 예술가들 역시 장미와 스펀지처럼 미추를 구별하지 않고, 삶을 널리 수용하는 능력을 지녔다. 온갖 모양의 쇠붙이를 녹여 새로운 물건을 만들어내는 용광로를 몸에 장착하고 사는 사람들이 예술가다. 그들은 성자처럼 완전해지려고 하는 것이 아니라, 부분이 아닌 전체적으로 살려고 하는 존재들이다. 그들의 내면에는 악마와 신, 고저, 선악, 명암, 장단이 함께 있다. 한 세기 전에 장미 선생이 스펀지에게 가르친 삶의 내용들이다.

휴지통

휴지통은 묵언수행 중이다. 늘 입을 닫고 있다. 줄창 열려 있는 동네 나팔수와 다르다. 더 이상 감당할 수 없는 울화가 쌓이면 조용히 자신을 비우고 본래의 가부좌 자세로 돌아간다. 미련도 원망도 없다. 비움과 묵언이 그가 가장 잘 할 수 있는 일이다. 자신만의 고유한 시선으로 세계를 사유하며 살아가는 휴지통의 삶이 그만하면 됐다. 책상 아래 있는 휴지통을 발로 툭 차 본다. 한 걸음 뒤로 물러날 뿐 별 반응이 없다. 타자에 대한 우월성을 내세워 자신의 고통을 줄이려는 자들의 폭력 앞에서도 그의 중심은 서늘하다. 흔들리지 않는다. 니체가 '지구에서 가장 사랑스러운 은신처'라고 했던 스위스 질스 마리아에 가고 싶다. 그곳에는 표면적 언어에 구속되지 않는 비존재의 목소리와 '바깥'의 풍경들이 가득할 것 같다.

장미

　장미는 맨발로 서 있다. 오가는 사람들은 꽃만 보고 밑에 감추고 있는 맨발은 살피지 않는다. 장미가 겨울에서 봄까지 걸어와 꽃을 피우는 동안 몸속에 핏덩어리로 뭉쳐 있던 울혈의 내막을 아는 이는 별로 없다. 5월이 되어서야 꽃에 당도한 장미가 여기저기서 화사한 얼굴을 내민다. 향기 또한 예사롭지 않아 한 순간, 황홀과 매혹 속에서 죽어도 좋겠다는 생각을 한다. 거친 길을 걸어온 장미의 맨발을 보려고 겹겹으로 걸친 초록치마를 들추다가 매서운 가시에 찔린 사람이 한둘이 아니다. 장미는 자신의 아픈 이력을 밀서처럼 꼭꼭 숨기고 있어 쉽게 다가가 열어볼 수 없다. 장미는 오직 꽃으로만 발언할 뿐이다. 한 발자국 떨어져서 바라보면 장미는 심장 가까이서 들끓던 5월이 오랜 산고 끝에 지상에 발표하는 아름다운 신작시 같다.

복숭아

　복숭아에는 천도복숭아, 백도복숭아, 황도복숭아 등이 있다. 각각 고유한 특성을 지니고 있지만 '복숭아'라는 이름 속에 매몰되는 순간 개별성은 사라지고 보편적 명칭만이 남아 군림한다. 음악, 영화, 문학 등 예술 분야에서도 개개의 이름으로 호명되지 못하는 것들이 많지만 개중에는 일반의 해석에 저항하고 개별성을 고집하는 몇몇 희귀한 사례도 있다. 르네 마그리트, 글렌 굴드, 가우디 등이 그렇다. 난센스일 뿐인 삶이 따분하고 지루하지 않게 남과 다른 음악, 남과 다른 영화, 남과 다른 문학을 하는 사람들이 많아졌으면 좋겠다.

설탕

　설탕은 배시시 웃으며 물속으로 사라진다. 하나의 형체로 존재하던 것이 새로운 차원으로 이동하여 변신한다. 눈에 보이지 않는 비가시의 세계로 진입한 설탕은 여기 있으나 보이지 않고, 보이지 않지만 존재한다. 고정된 실체는 없고, 모든 것이 녹아 사라지듯 사람의 생명 또한 그러할 것인데 '설탕' 대신 '자갈돌'을 자처하는 무림거사들이 넘쳐난다. 설탕은 무기가 되는 법이 없지만 자갈돌은 투석전의 요긴한 무기로 사용되는 경우가 많다. 회의나 성찰을 모르는 돌들은 소멸의 순간은 없을 거라는 착각 때문에 '영원불멸'을 경전으로 알고 섬긴다. 설탕은 까르르, 배시시 웃지만 자갈돌은 웃음을 잊은 지 오래되었다. '와글와글'과 '버럭버럭'이 모여 사는 곳이 자갈밭이다. 그곳엔 웃음도, 농담도, 어린아이의 천진난만도 없다.

연밭

 봉선사 연밭에서 연꽃과 재회했다. 매년 찾아오는 곳이긴 하지만 늘 새롭다. 연밭에 서면 코끼리 떼를 만나는 것 같다. 연은 전생에 코끼리였나 보다. 초록의 귀때기를 펄럭이며 다가오는 코끼리의 몸에서는 맑고 깊은 향이 난다. 이 세상의 것이 아닌 은은한 향기가 나서 세상 바깥을 거니는 것 같다. 연밭에서 나와 멀찍이 떨어져서 바라보면 불 꺼진 진흙밭을 초록의 큰 보자기로 보쌈하고 있는 것 같다. 그렇게 한 생을 건너겠다는 듯 커다란 귀가 펄럭펄럭 허공을 접었다 편다. 봉선사 연밭은 세상의 아픈 모서리들이 잠시 쉬었다 가는 곳이다.

오징어

　오랜만에 마른 오징어를 정독했다. 너무 딱딱해서 한동안 멀리했던 양장본이었다. 쉽게 읽히지 않아 가독성이 떨어지긴 했지만 짭조름한 맛은 어느 책에서도 맛볼 수 없는 특별한 것이었다. 독해도 제대로 못하면서 무작정 아구가 아프도록 읽던 시절도 있었다. 오래 씹다보면 마른 오징어 몸속에서 죽은 듯 웅크리고 있던 바다가 흘러나왔다. 오징어와 내가 바다를 공유하는 순간 무한대로 펼쳐지는 새로운 세계가 보였다. 한 축의 오징어는 스무 권으로 된 세계사상전집이었다. 본문 하단에 붙어 있는 열 개 정도의 각주까지 세세히 읽다보면 한나절이 금방 지났다. 태평양과 인도양을 지나 지중해와 흑해까지 항해하는 긴 여정이었다. 몇 년 만에 다시 손에 쥔 마른 오징어를 자근자근 씹어보았다. 특유의 향과 짭조름한 맛은 여전했다. 약간 싱거운 듯도 했으나 매혹적인 맛은 그대로였다. 삼척에서 사온 오징어 한 축이 여름 내내 곁을 떠나지 않을 것이다.

옥수수빵

알을 벗겨낸 옥수숫대는 이 빠진 노인의 잇몸 같기도 하고, 살을 발라낸 갈빗대 같기도 하다. 베타시스토스테롤 성분이 풍부하여 잇몸을 튼튼히 하는데 효능이 있다는 얘기를 듣고, 잇몸 부실한 나는 옥수숫대로 차를 끓여 마신다. 실제 옥수숫대 차는 구수하고 뒷맛이 개운하다. 옥수수가 마지막으로 세상을 하직하면서 인간에게 베푸는 덕을 내 몸에 모시는 일이어서 허투루 할 수 없다. 약불로 옥수숫대를 끓이면서 '살림'의 아름다운 덕목을 경험한다. 굶는 아이들이 많았던 1960년대, 학교에서 나누어주던 옥수수빵도 구제의 역할을 톡톡히 했다. 그때 먹었던 강냉이죽(옥수수죽)과 옥수수빵의 구수한 향과 맛은 평생 잊을 수 없다. 꼭 한 번 당시의 빵을 먹고 싶은데 어느 제과점을 가도 멸종된 희귀식물처럼 그 빵을 만날 수가 없다.

새

　새는 기록을 남기지 않는다. 일찍이 언어의 한계와 무상을 깨달은 것 같다. 새는 언어 밖에서 자유롭게 노닌다. 새벽 4시가 되면 〈예버덩〉을 깨우는 새소리가 들린다. 소리에는 고저장단이 있고, 2~3초 간격으로 계속 지저귄다. 삐삐삐 삐어오. 오카리노 소리 비슷한데 매번 음이 다르다. 어둠 속 누군가에게 자신의 속내를 타전하는 것 같다. 한 시간여 동안 지저귀다 다섯 시쯤 어디론가 날아가 잠잠해진다. 안개 자욱한 공중을 뒤적여 봐도 새소리는 남아 있지 않다. 딛고 올라선 언어의 사다리를 버리고, 언어가 닿지 못하는 세계를 슬쩍 보여주고 간 것 같다. 새는 언어가 끊어진 자리에서 몇 생을 거듭하여 깊고 아득한 음(音)에 도달하였다. 내일은 오규원 시인이 생전에 요양하던 영월 무릉도원리에 가 봐야겠다.

우체통

　우체통은 대낮부터 낮술에 취해 얼굴이 벌겋다. 입을 벌리고 잠든 지 오래된 것 같다. 몇 년 만에 우체통에 편지를 넣는다. 오라는 곳이 없어 한곳에 붙박여 행인들의 시주로 연명하는 듯하다. 대부분 메일이나 핸드폰 문자로 소식을 전하는 경우가 많아서 우체통이 굶는 날이 잦고, 뱃속은 늘 비어 있는 것 같다. 소화 능력이 퇴화되어 내용물이 있는 음식물은 씹지도 않은 채 삼키기만 하고, 대신 365일 술만 마시고 앉아 있는 것 같다. 혹자는 우체통을 알코올 중독자로 부르기도 하고, 환속한 전직 승려라고도 하는데 말을 걸어도 답이 없으니 정체를 확인할 길이 없다. 주변 사람들의 말에 의하면 인근 주민들이 보행에 방해가 된다고 구청에 민원을 넣어 곧 철거될 거라고 한다. 타인의 반응에 개의치 않고 자신의 고독을 꿋꿋이 지켜온 우체통이 무사하기를 염원하지만 그의 앞날이 어찌될지는 두고 봐야겠다.

4부

하늘에 언제 공룡이 살긴 살았던가?

병아리

 부화한 지 얼마 안 된 병아리가 종종거리며 이리저리 돌아다닌다. 병아리는 이름도 없고 유치원도 다니지 않는다. 귀엽고 예쁘다는 말도 알아듣지 못한다. 병아리들은 시계도 모르고 숫자도 모른다. 이념이나 지식에 매몰되지 않고 백지를 산다. 병아리들은 자발적 생명력에 따라 '하고 싶은 일'을 제멋대로 한다. 잭슨 폴록의 '액션 페인팅'이다. 캔버스에 물감을 즉흥적으로 흩뿌리는 폴록의 작업을 보는 것 같다. 옆에서 함께 바라보고 있던 아내는 뿔뿔이 흩어져 천지 허깨비도 모르고 돌아다니는 병아리들이 가장 완벽한 '무위(無爲)'의 모습이라고 말한다.

낚시

 저수지에 강태공들이 나란히 앉아서 저녁을 낚고 있다. 전선줄에 앉아 있는 제비들 같다. 물의 살점 몇 조각 떼어가기 위해서 몇 시간째 저러고 있다. 입장료까지 지불했으니 쉽게 자리를 뜰 수도 없겠다. 제비들은 잠시 쉬었다 미련 없이 날아간다. 허공을 얇게 저미어 비행하는 솜씨가 날랜 검객 같다. 색의 거울(色鏡) 속에서 메기 한 마리를 꺼내든 남자가 파안대소한다. 하릴없는 나는 대웅전 처마에 매달린 나무물고기라도 잡아서 공양간에 갖다 주어야겠다.

샤인머스켓

    샤인머스켓은 사이비종교 같다. 한 송이에 2만원이 넘는 가격으로 판매되는 포도인데 몇 번 먹어 보니 포도가 아니었다. 포도로 위장한 별종의 과일이었다. 사이비 포도에 속았다는 생각이 들었다. 새콤달콤에서 '새콤'을 빼버리고 '달콤'만 남은 과일이었다. 포도 본래의 맛을 제거하고 당도만 높여서 소비자의 입을 현혹하는 샤인머스켓에서 포도라는 이름과 자격을 박탈해야 할 것 같다. 요즈음 포도농사를 짓는 분들은 고가로 판매되는 샤인머스켓으로 품종을 바꾸고 있다고 한다. 너도나도 다투어 그러지 않았으면 좋겠다. 조만간 사람들의 변덕심한 입맛은 본래의 포도맛으로 회귀할 것 같으니, 포도 고유의 맛을 끝까지 지켜줬으면 좋겠다. 시도 사랑, 희망 등 '달콤'만을 강조하는 것이 있다. 고뇌, 갈등 등 삶의 맛이 제거된, 유려하지만 공소한 관념의 조립품은 샤인머스켓과 크게 다르지 않은 것 같다.

우산

우산은 가택연금 중이다. 올여름은 비가 적게 와서 바깥바람을 쐰 적도 며칠 안 된다. 우산꽂이에 걸려 있는 우산들을 보니 출생지를 알 수 없는 우산도 있다. 갑자기 비가 내려서 누군가에게 빌려온 우산 같다. 일기예보를 믿고 우산을 갖고 나갔다가 어딘가에 깜박 놓고 온 것도 있다. 우산의 처지가 말이 아니다. 제대로 대우받지 못하는 노무자 같다. 어디서나 쉽게 구할 수 있고, 잃어버려도 아쉽지 않은 신세가 되어 이리저리 굴러다닌다. 그나마 비가 와야 몸값이 올라가는데 비가 오지 않는 요즘에는 컴컴한 밀실에 갇혀 오도 가도 못하는 처지가 되었다. 일용노동자만도 못한 처지를 비관하여 어두운 구석에서 젖은 몸에 피칠갑을 하며 자학하는 우산도 있다. 햇빛 가리개 같은 임시고용직으로 한두 달 일을 하다가 폐기 처분 된 우산들이 너무 많다. 앞이 보이지 않는 젊은 세대는 더 이상 '잃어버려도 좋은 우산'이 아니다.

라면

 라면의 조상은 허리 반듯한 국수일 텐데 요즘은 대대로 이어오던 올곧은 가풍을 벗고 자유로운 삶을 살아간다. 구부러진 몸으로 어우렁더우렁 뒤엉켜 사는 라면은 비닐봉지 안에서 자폐의 삶을 이어가다 펄펄 끓는 화탕지옥의 물속에 던져진 후에야 본성을 회복한다. 얼핏 줏대도 없이 헝크러진 삶을 살아가는 것 같지만 라면이 지향하는 것은 독점적 진실을 고집하지 않는 유연성이다. 라면 속에는 가난한 골목도 있고, 이리저리 구부러져 있는 논길, 산길도 있어 누구나 마음 편히 찾아갈 수 있다. 배고픈 중생들의 주린 배를 위해 365일 활짝 열려 있는 라면의 공덕을 오래 기려야겠다.

배롱나무

 거품 같은 야단법석의 계절을 넘기고 여름의 중심에 우뚝 서 있는 배롱나무를 보면 일찌감치 세상을 독파한 사람 같다. 온갖 꽃들이 다투어 발언하는 봄의 흥망성쇠를 침묵으로 지켜보던 배롱나무는 주변의 꽃들이 모두 생을 마친 후에야 떠듬떠듬 속엣말을 꺼낸다. 나무들 중에서 가장 늦게 잎이 돋아나고 꽃도 7월에 들어서야 하나둘 몸을 여는 것 같다. 색들의 시끄러운 수다와 잡담을 지켜보며 오래 침묵하다가 명상의 끝에서 홀연히 존재감을 드러내는 배롱나무, 그를 꽃의 대모(大母)라 해도 과언이 아니겠다.

고추

 고추가 몸 안에 감춰두었던 이야기를 발설 중이다. 물기 축축한 사연들이 바싹 마를 때까지 불볕의 고문을 감내한다. 징징거리며 자기 연민에 빠지거나 지난날의 상처와 고통에 휘둘리지 않는다. 붉은 인디언 전사처럼 의연하다. 불의 시간을 견딘 끝에 버릴 것 다 버리고, 매운맛만 간직한 얇고 가벼운 유골. '태양초'라는 이름을 얻기까지 고추는 혹독한 시간을 보낸다. 고추는 지상에서 자라는 태양의 혈족이다. 누군가 고추에 '태양'이라는 성을 붙여준 것은 앞뒤 사연을 잘 헤아린 결과이다. 일등품의 태양초가 되고 싶어 했던 한 무리의 화건초가 열풍 건조실로 실려 간다. 그곳에서 개인 의지와 상관없이 고추의 신분 계급이 결정된다. 육신이 절단되고 으깨지는 중에도 매운맛을 놓지 않는 고추의 정신은 사육신 못지않지만 화건초라는 출신 성분 때문에 홀대를 받는다. 다행히 시장 좌판에서는 비싼 태양초보다 저렴한 화건초를 주머니 가벼운 이웃들이 선호하니 그나마 작은 위안이 되겠다.

고양이

고양이가 다람쥐를 잡아다가 문 앞에 갖다 놓았다. 주인에 대한 충성의 표시이며 칭찬받고 싶어 하는 마음의 표현인 것 같다. 주인은 그걸 보고 "왜 하필 다람쥐니? 쥐를 잡아놓든지 해야지."라며 꾸짖는다. 고양이는 무지 억울하다. 주인의 태도를 이해할 수 없다. 제 깐에는 큰 맘 먹고 한 일인데 칭찬은커녕 질책만 당하니 이유를 모르겠다. 나무를 타고 올라가서 다람쥐를 잡는 고양이의 순발력은 놀랍다. 나무 위에서 자유자재로 뛰노는 다람쥐의 날랜 동작도 묘기 수준인데 고양이는 그걸 능가한다. 날아다니는 새도 잡는 능력이 있다고 예버덩 주인은 증언한다. 그러나 고양이는 오늘도 억울하다. 고양이의 눈에 쥐와 다람쥐는 같은 쥐일 뿐이다. 크고 작은 차이만 있을 뿐이지 동일한 설치류인데 인간은 그것을 다시 나누어 구별한다. 이처럼 자기 기준만 고집할 때 충돌과 갈등은 불가피한 것이겠다. 세상 모든 이치를 환히 꿰뚫고 있다는 자만과 착각은 무지의 다른 형태일 뿐임을 고양이를 통해 배운다.

구름

하늘을 경작하는 구름의 노동이 끊임없다. 태양이 들끓는 하늘 한복판에 풀어놓은 구름은 수시로 형상을 바꾸어가며 홀현홀몰한다. 양의 모습이었다가 험상궂은 도깨비였다가 한 다발의 꽃으로 변신하기도 한다. 아름답다, 예쁘다 등의 상투어에 갇히지 않고 가변과 유동, 변화의 신묘한 마법을 보여주며 하늘을 희롱한다. 사변론자들의 머릿속에서 창백한 얼굴로 연명하는 개념의 미라들을 거부하고, 구름은 '움직임이 없는 생각'은 믿지 말라는 몸의 언어를 하늘 캔버스에 펼쳐 보여주고 있다. 어제 오후에는 하늘에 공룡이 나타났다. 얼마 후에 공룡은 사라지고, 빈자리에 발자국 몇 점만 남았다. 그런데 하늘에 언제 공룡이 살긴 살았던가?

강물

큰비가 오면 강물은 금세 불어난다. 이리저리 부딪히며 떼강도처럼 달려가는 물의 기세를 보면 무섭기까지 하다. 지난해 여름 정읍에서 만난 동진강이 그러했다. 온몸이 깨지고 부서져서 물소리가 비명처럼 들리기도 한다. 비의 채찍을 맞으며 강물은 앞만 보고 내달린다. 예전엔 물도 상처를 입는다는 말을 실감하지 못했는데 지금 보니 사실인 것 같다. 끓는 찻물을 미지근하게 식히면서 물의 상처를 어루만진다는 다인(茶人)들은 보이지 않는 물의 감정까지도 읽는 사람들이었다. 장마철에 강물이 붉은 흙탕물로 흘러가는 것은 물의 몸에 남은 숱한 창상 때문임을 알겠다. 강이 소리치고 있는 상처투성이의 말들을 나는 여태껏 한 마디도 알아듣지 못한 셈이다.

벌

집요하다. 포기할 때도 됐는데 벌써 며칠째 창가를 떠나지 않고 주위를 맴돌고 있다. 철거된 옛 집에 대한 미련을 접고, 어디론가 가서 새로운 터전을 마련하면 될 텐데 쉽지 않은 모양이다. 마땅한 집터를 발견하지 못했거나 여건이나 능력이 되지 않는 것인지도 모르겠다. 남의 형편도 제대로 모르면서 허튼소리 그만하라는 질책이라도 하는 듯 말벌이 유리창에 몸을 부딪치며 윙윙거린다. 달리 보면 익숙한 구습에 대한 집착일 수도 있겠다. 떠나는 것 자체가 두렵고, 새로운 삶의 페이지를 여는 것도 용기가 나지 않는 것 같다. 사람에 대한 과도한 집착이 폭력으로 치닫는 경우가 있듯 기존의 관습과 이념에 대한 맹종과 집착도 광기와 폭력을 부르는 건 똑같다. 답습과 순종보다는 차라리 절망을, 안주보다는 탈주를 선택하라는 말을 벌이 독해할 수 있는 날이 올까?

귤

　귤은 태양보다 달을 선호하는 것 같다. 사과, 복숭아, 토마토 등은 붉은 태양신을 신봉하는 반면 귤은 달의 정기와 은은한 빛에 매혹되어 몸집을 불리는 것 같다. 노란 빛의 귤은 밤마다 달의 색깔과 모양을 흠모하여 달의 종족으로서의 외형을 갖춘다. 달의 향기는 분명 귤향일 것이라는 상상도 해본다. 어제 제주에서 올라온 귤은 제철이 아니어서 신맛이 강할 것이라는 우려와 달리 맛과 향이 달콤했다. 누군가를 흠모하면 그대로 닮아가듯 밤마다 눈을 동그랗게 뜨고 달을 학습하여 세상에 없는 월광의 언어를 터득한 결과인 것 같다. 귤의 일생은 길지 않지만 오래 기릴 만한 마음결을 지녔으니, 종소리 먼 마을에 향기로운 무늬로 남겠다.

전기면도기

내가 가지고 있는 전기면도기는 수년 전 나에게 입양된 물건이다. 지금은 나에게 군림하는 폭군 같다. 아침마다 면도기는 나를 처형한다. 나는 기꺼이 처형당한다. 면도기는 나의 나태와 안일을 처단하는 것이 주요 일과다. 모든 예술은 자신의 내면에 웅크리고 있는 익숙한 것과의 결별로부터 시작된다. 새로운 지형도를 만들기 위해 기존의 것과의 부단한 싸움을 통해 자신만의 세계를 쟁취한다. 그때 비로소 특별한 예외가 탄생한다. 전기면도기는 내 몸의 관습을 용납하지 않는다. 잘게 잘린 언어의 조각들이 면도기 안에 가득하다. 죽은 언어의 벌레들이다. 전기면도기는 나의 충실한 도반으로 아침마다 나를 새롭게 한다. 턱에 돋아나는 검은 잡초는 독수리의 오래된 부리와 같다. 독수리가 제 부리를 바위에 으깨어 신생의 새 날개를 퍼덕이듯 나는 전기면도기 덕분에 매일 낯선 세계로 진입하는 입장권을 얻는 셈이다.

의자

개울이 청량한 소리를 내며 흐른다. 앞산은 짙은 초록이 번져가고, 〈예버덩〉* 숲에서 새들이 지저귀는 소리는 곱고 청아하다. 공중에 쉼 없이 피어나는 꽃 같다. 눈에 보이지 않지만 분명 소리로 빚는 여러 송이의 꽃이다. 책도 손에 잡히지 않고, 글도 잘 풀리지 않아 밖으로 나와 가문비나무숲으로 간다. 그곳에 나의 도반인 의자가 있다. 의자에 앉아 일체의 번다한 생각들을 내려놓고 멍하니 앞을 바라본다. 오롯한 이 순간이 좋다. 파란 하늘에 구름 몇 점 한가롭게 떠 있다. 아무 생각이 없다. 땡벌 한 마리가 날아와 어깨에 앉는다. 내가 시비하지 않고 가만히 있으니 그냥 날아간다. 의자에게 배운 방법이다. 의자는 나에게 사람의 태를 벗고 만물과 더불어 호흡하는 방법을 알려주었다. 어떤 사물이든 고정된 실체가 아니고 끝없는 변화의 한 순간일 뿐이니, 의자가 의자임을 잊고 지내듯 내가 나임을 잊으라고 한다. 나를 놓아버리는 일이 말처럼 쉬운 일이 아니지만 무심히 앉아 있으면 심신이 맑아지는 것을 경험한다. 그곳에 침묵이 있고, 맑은 고요가 있다. 무엇에도 간섭받지 않고 세상의 온갖 중력으로부터 자유로워지는 순간이다. 의자를 접어놓으면 쇳덩어리가 되고, 플라스틱 조각이 된다. 스스로 의자라고 주장

하지 않아서 그는 무한한 자유이고 아무것도 아닌 것이 된다. 새가 앉으면 새가 되고, 빗방울이 두들기면 다양한 멜로디로 호응하는 악기가 된다. 오늘의 명저는 '의자'다. 의자를 독파하기까지 나는 아직 멀었다.

* 예버덩 문학의 집: 강원도 횡성군 강림면 주천강가에 있는 문인 집필실.

오리배

 오리배는 오리가 되지 않는다. 원본이 아닌 사본이다. 사본은 숨 쉬지 않고 날지도 않는다. 왜관에 있는 처가 선산에 들렀다가 차 닿는 대로 여행하였다. 군위, 청송, 영덕, 울진, 임원, 삼척을 거쳐 강릉에서 경포해수욕장과 경포호수를 둘러보고 돌아왔다. 사흘이 순식간에 흘렀다. 동해안 용화 해변에 있는 괭이갈매기 서식처에서 본 갈매기 조형물이 살아 있는 생물인 줄 알았다. 가까이 가 보니 모형이었다. 여행 중에 몇 가지 비슷한 모형들이 눈에 띄었다. 지자체에서 관광객 유치를 위해 케이블카, 레일바이크, 출렁다리 등을 경쟁하듯 설치하고 있었다. 다른 지역 관광 상품을 베끼는 거였다. 지방 특유의 관광 상품을 개발하지 않고, 다른 지역에서 반응이 좋다 하면 서둘러 모조품을 만들고 있었다. 원본이 아닌 사본들이었다. 처음 가 보았던 경북 군위의 화산마을은 절경이었다. 산 정상에서 내려다본 비경에 취해 날이 어두워지는 줄도 모르고 한참 머물다 왔다. 숨겨 두고 몰래 찾고 싶은 곳이었는데 산꼭대기까지 점령한 인간의 욕망으로 주변 경관이 누더기가 되지 않을까 걱정스러웠다. 살아 있는 원본 대신 사본과 표절이 넘치는, 오리가 아닌 오리배공화국이 될지도 모른다는 우려가 기우였으면 좋겠다.

불

　불은 항상 굶주려 있다. 벌건 눈을 희번덕거리며 먹잇감을 찾아 사방을 헤매고 다닌다. 불을 굳이 분류하자면 개과에 속한다. 야생의 개를 잡아다가 길들여서 사람 가까이 두고 살지만 개의 내면에는 여전히 동물의 본능이 숨어 있다. 개에게 안심할 수 없는 이유다. 가끔 맹견이 사람을 물어 죽이는 일이 생긴다. 불도 야생의 본능이 강한 놈이라 언제든 미친개로 돌변할 수 있다. 불을 잘 가두어 애완견처럼 다뤄야 재앙을 막을 수 있는데 쉬운 일은 아니다. 해마다 봄이 되면 전국 곳곳에서 미친 불개가 출몰하여 사납게 울부짖으며 산과 들을 삼켜버린다. 오랫동안 억눌러왔던 욕망이 한꺼번에 폭발하는 것이다. 사람에게도 잘못이 없는 것은 아니다. 자신들의 안전을 위해 지나치게 불을 억압하고 학대한 잘못도 있다. 불을 쇠철통에 감금하거나 지하 감옥에 유폐시켰다가 필요할 때만 불러내어 활동하게 한다. 불의 입장에서는 하루하루가 지옥인 셈이다. 세상 밖으로 나가 마구마구 소리치며 달리고 싶은데 그러질 못하니 희망 없는 청춘처럼 울화가 극심한 것이다. 자기 욕망을 소외시키지 않고 살 수 있는 삶터, 청춘들의 가슴에서 불의 야성을 거세하지 않는 그런 세상이 가능하긴 한 걸까?

뻐꾸기

뻐꾸기는 온종일 뻐꾹, 뻐꾹 한다. 평생 배운 소리는 '뻐꾹' 밖에 없는 모양이다. 같은 음을 죽을 때까지 동어반복하며 산다. 대단한 고집이다. 요즘에는 새벽에도 앞산에서 뻐꾹, 뻐꾹 한다. 서울에서는 듣지 못했던 소리라 처음에는 자연의 고아한 정취를 느낄 수 있어 좋았으나 변함없이 일정한 톤으로 이어지는 소리를 반복해서 들으니 지루한 느낌이 들었다. 새벽 4시쯤 창가에 나타나는 새는 뻐꾸기와 달리 매번 음을 바꾸어 맑고 고운 소리를 낸다. 소리에 고저장단이 있고, 대여섯 개의 멜로디를 번갈아 가며 노래한다. 날아다니는 악기 같다. 한 시간여 동안 단독 공연을 마친 새는 5시쯤 무대에서 내려와 어디론가 사라진다. 다음 공연장으로 이동했는지 숲을 기웃거려도 보이지 않는다. 그나저나 나는 새 이름을 모른다. 내일은 통성명을 하고, 무료 공연에 대한 답례라도 해야 할 텐데 얼굴 없는 음악가라 모습을 드러낼지 모르겠다.

회초리

 '상식'의 대부는 회초리다. 대부에도 등급이 있다. 회초리, 채찍, 몽둥이, 칼, 총 등의 순서로 되어 있다. 대부분 회초리와 채찍의 단계에서 상식은 결정된다. 한때 상식의 1등 공신 역할을 했던 그들의 위세는 대단했다. 가정과 학교에서도 회초리는 기본이었으나 요즈음은 형식이 바뀌어 문자와 말이 그 역할을 대신하고 있다. 상식은 풍속을 교화한다는 명목을 내세워 통상적 규칙을 강요하고 온갖 금기로 행동의 반경을 축소시킨다. 사람들은 상식의 울타리에 갇혀 서로 비슷한 생각을 공유하면서 양순하게 길들여진다. 다른 목소리, 다른 색깔은 이단시되고, 배척된다. '비상식'은 지탄의 대상이 되고, 체제 안의 암적 요소로 타격의 과녁이 된다. 나와 다른 것은 용납되지 않는다. 상식이 집단 담론을 생산하는 의붓어미가 되는 이유이기도 하다. 정해진 길을 버리고 샛길로 걸어가는 '비상식'은 고유한 견해를 박탈당하지 않는 방법이고, 노예의 삶에서 주인의 삶으로 도약하는 것인데 어릴 적부터 회초리와 채찍으로 사육된 탓에 '상식'은 하나의 족쇄가 되었다. 남들이 했던 것은 안 했던 감독으로 기억되면 좋겠다고 했던 봉준호 감독의 말을 다시 소환하는 날이다.

맨드라미

맨드라미에게서 수탉을 훔쳐가는 절도범이 많다. 닭의 벼슬을 닮은 탓이겠으나 맨드라미는 심히 유감이다. 걸핏하면 닭과 연결 짓는 사람들은 맨드라미를 제대로 읽지 않은 것이다. 폭력적인 오독이다. 심한 경우에는 맨드라미가 화단에서 도망갈지도 모른다며 사방에 금줄을 쳐놓고 한 발자국도 움직이지 못하게 한다. 맨드라미는 한 번도 꼬끼오 소리친 적이 없고, 허공의 이마를 쪼아 피를 흘리게 한 적도 없다. 맨드라미는 평생 한곳에 정좌하여 붉은 울음 깊은 곳에 작고 단단한 씨앗 몇 알 남길 뿐이다. 적막이나 쓸쓸함 따위는 저만치 밀어둔 지 오래되었다. 이파리부터 꽃술까지 온몸의 피를 곱게 다스리고 있는 고요를 향해 더 이상 수탉 운운하지 말아야겠다.

커브

　커브는 음흉하다. 성추행범쯤 되겠다. 커브는 모퉁이를 만나면 무조건 끌어안는 습성이 있다. 그런 이유로 직선을 애호하는 예전 선비들은 커브를 천시하거나 백안시했다. 현실을 두루뭉술 구렁이 담 넘듯 한다며 커브의 생리에 대해 근본주의자들처럼 거부 반응을 보였다. 그러나 커브는 모서리를 향기롭게 하고 빙그레 웃게 한다. 날카로운 모서리를 부드럽게 감싸면서 에돌아 나가는 커브의 유연한 몸짓은 시냇물에서 유래한 병법이지만 커브를 오독하는 사람들은 그것을 용납하지 못한다. 오직 직선과 직각으로 세계를 설계하고, 건축해야 직성이 풀린다. 그곳엔 모난 돌을 어루만지며 흐르는 모성도 없고, 넌지시 삶의 건너를 엿보며 만화방창하는 시도 없다. 오직 자르고 구획하는 일도양단의 논법만 무성하다. 커브를 오해하지 말자. 구불구불 이어지는 산길을 따라가면 누구나 커브가 된다. 아름다운 커브를 더 이상 곡해 하지 말자.

향

　향은 공간을 부수어 시간 너머로 날아간다. 향은 잡을 수가 없다. 흰 연기의 형상을 잠시 보여주다가 향의 냄새만 남기고 홀연히 사라진다. 장례식장에서 제일 먼저 상면하는 것이 향이다. 기다란 대롱처럼 생긴 향에 불을 붙여 향로에 꽂는다. 이어서 고인에 대한 예를 갖추어 절을 하고 유족과 인사를 나눈다. 보통의 상가 풍경이지만 향은 현실을 비현실로 이끄는 상징적 사물로 다가온다. 하나의 질서를 고정하는 '점'이 아니라 다방향으로 흩어져 이어지다가 종적을 감추는 '선'이 향불 연기의 행로이다. 조금씩 몸을 태워 향과 연기를 날려버리고 마지막엔 흰 재만 남긴다. 향은 인간의 생멸을 가장 함축적으로 보여준다. 향의 일생과 인간의 삶이 크게 다를 게 없다. 시각을 통해 현상된 연기라는 사물은 후각을 통해 다시 마지막 존재 증명을 하고, 아주 느린 속도로 시공을 초월하여 다른 차원으로 이동한다. 물질로서의 몸을 벗고, 혼백으로 도약하여 다른 시간, 다른 공간을 여는 향은 생의 전모가 응축된 메타포이다. 그러므로 흠향의 주체는 고인(故人)이 아니라 향을 통해서 허구로서의 삶을 성찰할 기회를 갖는 사람들이다.

나비

　나비 여러 마리가 예버덩 마당에 나란히 앉아 있다. 꽃도 아닌 진흙 위에 앉아 있는 이유가 궁금하다. 세상에는 불가사의한 일들이 많다. 나비는 흰 연미복을 입고 팍팍한 삶을 연주하며 날아다니는 여러 송이의 꽃 같다. 가까이 다가가 보니, 꽃만 보지 말고 진흙탕 속 세계를 제대로 읽고 대지에 충실하라는 전언 같기도 하다. 여러 날째 주천강이 흙탕물이다.

개미

　〈예버덩〉 자작나무에 개미들이 줄줄이 기어오른다. 지상의 삶은 더 이상 희망이 없다는 듯 나무 아래 지하 셋방을 버리고, 가장 높은 꼭대기를 향한다. 나무는 하느님처럼 가만히 서서 지켜볼 뿐이다. 점심을 먹고 오자 일방통행이었던 나무에 어느새 하행선 도로가 생겼다. 끝까지 올라갔던 개미들이 헛물켜고 하산 중이었다. 봄은 이미 집 앞 매화 가지에 매달려 있는데 온종일 애먼 곳에서 봄을 찾아다닌다고 옛 선사가 한마디 하신다. 개미는 동료들에게 이곳 아닌 저곳의 허상을 말하지만 죽기 살기로 기어오르는 검은 행렬은 끊이지 않는다. 결국 뒤늦게 삶의 실상을 간파한 개미들만 다른 세계로 가는 길은 없다는 것을 깨닫고, 타자의 욕망을 욕망하는 대신 검은 보석처럼 순간순간을 반짝이며 살아간다. 영원, 초월 등 환상적 위안이 끝난 자리에서 개미들의 지난한 삶은 다시 시작된다.

죽은 잎

아직도 지난 가을을 움켜쥐고 있는 나무가 있다. 가지마다 죽은 잎이 다닥다닥 붙어 있다. 절대 놓지 않겠다는 듯 비장한 각오마저 느껴진다. 누런 잎은 더 이상 사용할 수 없는 구권 화폐 같기도 하고, 용도 폐기된 문서 같기도 하다. 탁 놓아버리면 자유요 해방일 텐데 나무의 욕망은 집요하다. 이제 봄인데 다른 나무들은 신생의 싹을 피워 올리기 위해 전력을 다하고 있는데 저 나무는 요지부동이다. 원리주의자처럼 자신의 신념을 사수하고자 하는 결의와 집착이 섬뜩하기까지 하다. 영원히 과거를 살겠다는 자세다. 뜬구름 같은 권력에 집착하는 정치판의 불나방 같기도 하고, 과거의 가치에 불변의 깃발을 꽂은 수구적 전사 같기도 하다. 움켜쥔 주먹을 펴면 춤이 되고 나비가 될 텐데 나무는 아예 그럴 생각이 없는 것 같다. 나무에게 삼가 조의를 표하면서 돌아서는데 내 안에도 저런 나무가 있음을 발견한다. 난센스 같은 생의 잠꼬대에 발목 잡혀 있는 위인이 있다. 어느새 불쑥 나타난 '그분'께서 한 마디 하신다. 네가 잡고 있는 똥막대기부터 내려놓으라고. 지당한 말씀에 옆에 있던 봄도 흠칫 놀라 얼굴이 붉어진다.

공갈빵

　수십 억 부채를 안고 자살한 이웃이 있다. 그의 아내는 여러 해 동안 은행 대출, 나중에는 사채까지 동원하여 온갖 사치와 허황된 일을 벌이다가 감당하지 못할 지경에 이르렀다. 평소 과시욕이 심하여 지인들은 로또 당첨이 된 거 아니냐고 수군거렸다. 여자의 남편은 평범한 공무원이었다. 안정된 직장이라 먹고사는 일에는 부족함이 없었다. 그러나 어린 시절 매우 궁핍하게 살았던 여자는 과거의 삶을 보상받기라도 하겠다는 듯 남편의 직장을 내세워 대출이란 대출은 다 받았던 모양이었다. 남의 돈 무서운 줄 모르고 펑펑 쓰면서 지인들에게 자신의 삶을 화려하게 치장하였다. 고급 아파트, 외제 차, 명품, 심지어는 집안에 연주실까지 따로 만들어 자식들에게 악기 레슨을 시켰다. 또래의 가정에서는 엄두도 내지 못할 일들이었다.

　그러나 허세는 오래 가지 못하여 남편의 직장으로 빚쟁이들이 몰려들기 시작했고, 돌려막기도 한계에 달했다. 아내가 저지른 일을 수습하던 남편은 자기 능력으로서는 도저히 해결하지 못할 것을 알고 결국 극단적인 선택을 하고 말았다. 마흔을 갓 넘긴 나이였다. 남편이 자살한 후 그의 아내는 교도소 신세를 지게 되었고, 자식들은 뿔뿔이 흩어져 친척집을 떠돌게 되었다. 공갈빵 같은 삶의 쓸쓸한 말로였다.

골방

'골방'이 사라졌다. 보릿고개 시절의 구닥다리 유물이 되었다. 황학동 벼룩시장에 가서 '골방'을 구입하여 집안에 들여야겠다. 내 기억 속 골방은 창문이 없고 빛이 들지 않아 어둡다. 담뱃진 같은 쿰쿰한 냄새도 배어 있다. 냄새의 회로를 따라가면 눈앞에 금방이라도 '골방'이 나타날 것 같다. 골방은 가장 편안한 옷이었다. 골방을 입고 방바닥에 누워 있으면 멀리 떨어져 있던 내가 다가온다. 내가 나와 일체가 되는 '다른 시간'이다. 나만의 비밀이 빛나는 장소에서 나는 나를 만난다. 누구의 시선도 누구의 간섭도 없는 온전히 나만의 왕국이다. 내면의 광활한 영토에서 존재의 심연을 자유롭게 탐험한다. 몽테뉴 선생께서도 '뒷방'이야말로 내가 나에게 말을 걸 수 있는 유일한 공간이라고 한 마디 하신 바 있다. 골방은 단절이며 초월의 장소다. 외부와의 연결이 차단된 곳에서 나에게 집중하여 이전의 나를 벗고, 세상의 어지러운 소란으로부터 벗어나 벌거숭이 존재를 조우하게 된다. 몸의 원점, 몸의 기원으로 돌아가 치유와 재생이 이루어지는 성소인 셈이다. 사라진 '골방'을 다시 찾아 입어야겠다. 얼핏 어둡고 칙칙한 듯 보이지만 한번 입고 나면 존재의 변신이 가능해지는 가장 귀한 옷이기 때문이다.

5부
평생 홀로 걸어가는 거인이었다

뿌리

뿌리의 후손 중에 '드릴'이 있다. 본래 성품이 강직하여 한때 세인들에게 경외의 대상이 된 적이 있다. 요즈음은 유전자의 변이로 오직 수직의 깊이에만 집중한다. '하면 된다'는 신념 하나로 평생 한 우물을 파며 외골수 삶을 살아왔다. 타 분야에 대해서는 백치에 가깝다. 도중에 마음의 뼈대가 부러지면 밖으로 나오는 길을 잃고 미아가 되기도 한다. 드릴의 선조인 '뿌리'는 체질이 유연하고 잘 휘어져서 비아냥의 대상이 되기도 했으나 근래에 와서 그를 바라보는 눈이 많이 달라졌다. 뿌리는 한 길, 한 장소만 고집하지 않는다. 앞이 막히면 돌아갈 줄도 알고, 길이 없으면 새로운 길을 만드는 개척자가 되기도 한다. 수직과 수평을 아우르는 부단한 탐색을 통해 사유의 반경을 넓혀나가는 뿌리는 고정된 영역을 벗어나 항상 변화의 가능성을 향해 열려 있다. 굽이굽이 휘어져 돌아나가는 미시령 옛길을 보라. 험한 산을 이리저리 휘감아 오르며 곡선의 미학을 보여주던 아름다운 길은 뿌리의 생리를 재현한 결과였다. 지금은 산의 몸통이 거대한 드릴로 관통되어 정취가 사라졌지만 미시령 옛길은 본래 '뿌리'가 낳은 수려한 작품이었다.

옥수수

괴산 소수면에 가서 옥수수를 따왔다. 밭고랑을 오가는 내내 땀방울이 석류알처럼 맺혔다. 몸이 발언하는 가장 정직한 언어였다. 차가 밀려서 왕복 일곱 시간이 걸렸지만 오랜만에 땀을 흘리면서 몸을 고백한 하루였다. 몸은 허술하고 문약하여 옥수수 이파리에 여러 곳을 베었다. 지난날 백면서생(白面書生)의 여물지 않은 언어를 좌판에 함부로 내놓은 죄가 잘 보였다.

소나무

짙은 안개 속에서 홀로 서 있는 소나무는 혼자라서 당당하고 혼자라서 자유롭다. 그는 기웃거리지도 않고 우러러보지도 않는다. 그는 다만 지금 이곳을 살 뿐이다. 내가 그를 만난 것은 이른 새벽 산책길에서였다. 앞이 보이지 않는 짙은 안개가 그를 에워싸고 있었지만 그는 흔들림 없이 자리를 지키고 있었다. 그는 이미 공(空)의 중심을 독파하고 멀찍이 떨어져서 나를 바라보고 있었다. 나에게 몇 마디 중얼거리는 듯했으나 귀 어두운 나는 한 마디도 알아듣지 못했다. 안개의 부족에 불과한 나는 가까이 다가가 소나무를 안았다. 가만히 귀를 대보니 소나무는 내 안에서 자라는 침묵과 오래전부터 내통하고 있던 사물이었다. 손끝에 전해지는 느낌이 제법 실하고 단단했다. 그는 일체의 번다한 수사와 창백한 관념의 곁가지들을 잘라내고, 오직 침묵으로 우뚝 서서 평생을 홀로 걸어가는 거인이었다.

바실리 성당

사진작가 친구로부터 들은 얘기다. 일부 사진작가들 중에는 출사를 나가서 이른 아침에 희귀한 야생화를 몰래 촬영하고, 바로 짓밟아버린다는 충격적인 얘기를 들은 적이 있다. 이유는 다른 사람이 같은 꽃을 못 찍게 하기 위해서란다. 자기만이 독식하기 위한 사진작가의 행위를 러시아 모스크바에서도 보았다. 붉은 광장 입구에 있는 러시아 정교회 사원인 성 바실리 대성당은 이반 4세가 탁발 수도사 바실리를 기념하기 위해 1560년에 완공한 건축물이다. 사원의 아름다움에 반한 이반 4세가 바르마와 보스또니끄라는 두 건축가에게 다른 곳에 같은 모양의 사원을 지을 수 있느냐고 물었다. 할 수 있다는 답변을 하자, 이반 4세는 두 사람의 눈을 뽑아버렸다. 대성당과 같은 아름다운 사원을 더 이상 짓지 못하게 하기 위한 처사였다. 사진작가의 피사체 독식과 비교하여 생각해볼 만한 이야기다. 그러나 보스또니끄가 그 후에도 계속 활동했다는 기록이 전해지는 것으로 볼 때 구전의 내용은 사실이 아닌 허구일 가능성이 크다. 대성당의 아름다움을 강조하기 위해 후세 사람들이 과장하여 꾸며낸 이야기가 아닐까 싶다. 비잔틴 양식과 러시아 양식이 혼합된 건축물로 각양각색의 문양과 색채, 9개의 양파형 돔이 특이하면서도 화려한 바실리 성당은 동화적 상상력을 불러일으키는 무지개 궁전 같은 곳이었다.

모노리텐

270톤의 화강암 덩어리. 17미터의 높이. 121명의 남녀가 조각된 작품. 14년 동안의 작업. 이것이 '모노리텐'에 대한 사전적 정보이다. 이런 정보 없이 노르웨이 오슬로에서 구스타브 비겔란을 만났다. 우리에게는 한때 모든 분야에서 세계 최대, 동양 최대를 지향하던 시절이 있었다. 무조건 크면 좋은 것인 줄 알던 때였다. 처음 '모노리텐'을 봤을 때는 크기로 압도하려고 하는 어떤 부정적 의도가 먼저 보였다. 기시감의 결과였다. 그런데 가까이 가서 보니, 아니었다. 1, 2년 사이 급조한 조각품이 아니었다. 매우 정교하고 섬세한 조각가의 숨결과 영혼이 느껴졌다. 무슨 거창한 기념비처럼 허투루 세워 놓은 돌덩이가 아니었다. 비겔란의 '모노리텐'에는 인간들의 무수한 욕망과 고뇌, 이상과 좌절, 삶과 죽음 등이 역동적으로 형상화되어 있었다. 이를테면 노르웨이의 만인보였다. 하늘과 땅을 잇는 신목처럼 우뚝 서 있는 '모노리텐'은 비겔란이 지상에 남기고 떠난 한 편의 아름다운 대서사시였다.

단풍나무

　단풍나무는 '울긋불긋'이라는 수식어에 담기지 않는 다양한 표정을 짓고 있다. 가까이 다가가 보면 한 그루의 나무가 일생 동안 지었던 표정이 다 있다. 생의 막바지에서 초록을 놓지 못하고 멈칫거리는 잎, 오랜 회한과 탄식으로 테두리부터 검어지는 잎, 붉음의 경계를 넘지 못하고 누런 얼굴로 절망과 좌절의 시간을 견디고 있는 잎, 떠나야 할 때를 잊고 분홍빛 연서를 흔들며 뒤를 힐끗거리는 잎 등 각양각색의 표정들이 뒤섞여 있다. 뒤늦게 빼기의 미학을 실행 중인 단풍나무의 정진이 이어지고, 무성한 이파리에 가려 있던 나무의 맨 얼굴이 드러나기 시작한다. 머잖아 요란한 수사의 언어들을 털어버린 한 그루의 굳고 정한 시가 겨울의 초입에 서 있겠다.

물과 기름

물과 기름의 불화는 계속되고 있다. 둘의 갈등은 해결될 가능성이 거의 없다. 물의 주장도 옳고, 기름의 주장도 옳다. 그런 답이 어딨느냐고 따지는 이의 항변도 옳다. 물론 야사로 전해지는 이야기이긴 하지만 황희 정승은 일찌감치 '지혜는 회색빛'이라고 한 비트겐슈타인의 말을 통찰한 사람 같다. 단색으로 규정할 수 없는 삶은 다양한 색깔을 가지고 있다. 하나의 관점이 독점적 지배력을 가질 때 폭력과 갈등은 불가피하게 나타난다. 요즈음 현실이 그렇다. 주관적 확실성에 매몰되지 말고, 반대되는 결론도 함께 생각하라는 비트겐슈타인을 다시 소환해야 할 것 같다. 오스트리아 린츠의 국립공업학교 동문이었던 히틀러도 덩달아 따라올까 봐 걱정이다.

물고기

 강물이 줄면서 강가 한 구석에 고인 물이 생겼다. 가만히 들여다보니 꽤 많은 물고기 새끼들이 이리저리 헤엄치며 돌아다니고 있었다. 날이 점점 뜨거워지면 물이 말라 치어들이 웅덩이에서 빠져나가지 못하고 죽을 것 같다. 두 걸음 정도 떨어진 곳에 주천강이 흐르고 있다. 어떻게 해서든 어린 물고기들을 살려야 되겠는데 현재로서는 난감하다. 일단 며칠 지켜보다가 물이 더 줄어들면 새끼들을 바가지에 담아 강물에 놓아주는 방법밖에 없겠다. 웅덩이에 고인 물은 일정한 형태로 고착된 '명사'와 같다. 가까이에서 흐르는 강물은 영원한 '동사'로 살아 꿈틀거린다. '동사'에 합류하지 않고, 안락했던 공간에 거처를 마련했던 '명사족'은 죽음에 대한 공포로 탄식과 불안 속에 하루하루를 보내고 있을 것 같다. '명사'의 웅덩이에 갇혀 있던 치어들을 강물에 방생하면 삶이 왜 '동사'여야 하는지 몸으로 직접 깨달을 것 같다. 그러면 됐다.

이튿날 다시 가보니, 한줌 남은 물속에서 수십 마리 치어들이 파닥파닥 뛰며 살길을 찾고 있었다. 빈 통에 치어들을 담아 옆의 강물에 옮겨 주었다. 아무쪼록 잘 자라서 아름다운 '동사'로 힘차게 살아가기를 염원했다. 몇 번 오가면서 구조를 끝낼 무렵 집필실에 있던 송승환 시인이 강가로 내려왔다. 내가 미처 발견하지 못한 곳을 송 시인이 찾아내어 그곳에서도 수십 마리의 치어들을 건져내어 살려냈다. 물을 찾아 흙 속으로 파고 들어간 치어들이 있어서 내일 다시 가보기로 하고 돌아왔다. 다행히 저녁나절 소나기가 몇 차례 흩뿌려 남은 물고기들이 말라죽는 일은 없을 것 같았다.

새알

저녁을 먹고 강변을 걷다가 우연히 새알을 발견하였다. 돌과 모래가 뒤섞여 있는 곳에 타원형의 알이 바닥에 가지런히 놓여 있었다. 알이 보호색을 띠고 있어 돌인지 알인지 모르고 그냥 지나칠 뻔했다. 작은 돌과 구별 되지 않고 자칫 밟을 수도 있을 것 같아 주변에 돌을 몇 개 세워 주고 왔다. 멀지 않은 곳에서 날카로운 소리를 내며 알을 보호하려는 어미새의 몸짓이 안쓰럽게 느껴졌다.

비가 온 다음날 새알의 안부가 궁금하여 강가에 있는 새집을 방문하였다. 혹시라도 어미새가 놀랄까 봐 멀찍이 떨어져서 살펴보았다. 알이 보이지 않았다. 깜짝 놀라 달려갔다. 바닥에 알 껍질만 남아 있었다. 그 사이에 숭악한 무엇이 와서 알을 삼킨 거였다. 가장 유력한 용의자는 강가에 자주 출몰하는 뱀이거나 백로가 아닌가 싶었다. 무사히 부화하여 하늘을 나는 것을 보고 싶었는데 한 순간에 수포로 돌아가고 말았다. 눈도 뜨지 못하고 알속에서 요절한 새끼의 운명이 가여웠다. 어미 꼬마물떼새에게 위로의 말이라도 전하고 싶은데 보이지 않았다. 크게 상심하여 어딘가에 숨어서 애통한 마음을 달래고 있을 것 같았다.

저녁나절에 물떼새 알이 사라진 현장을 송승환 시인과 함께 다시 가 보았다. 어떤 물적 증거라도 찾을 수 있지 않을까 하는 생각을 하면서 갔으나 바닥에 남아 있는 껍질만 확인하였다. 어떤 짐승의 소행인지 잠시 의견을 나누다가 뱀이나 다른 큰 새의 짓일 거라는 추정을 하면서 돌아섰다. 송 시인은 다른 가능성도 있으니 단정은 하지 말자는 얘기를 하였다. 어미새가 비 오기 전에 다른 곳으로 알을 옮겼거나 부화했을 가능성도 배제할 수 없었다. 정확한 범인이 누구인지는 가까운 곳에서 현장을 지켜보았을 어미새만 알고 있을 터였다. 확증할 만한 증거가 없는 상태에서 예단이나 단정은 어떤 변화의 가능성을 단절시키거나 다른 사고를 정지시켜 버린다. 섣부른 판단이 얼마나 많은 오류와 모순을 낳는지 우리는 경험을 통해 알고 있다. 생태계의 먹이사슬 구조를 이해하면서도 마음은 내내 안타깝고 씁쓸했다.

손

 창동 역에서 4호선 열차를 기다리고 있었다. 50대 후반으로 보이는 노숙자가 쓰레기통을 뒤적이더니 누군가 버린 비닐봉지에서 밥을 꺼내 먹었다. 배가 많이 고팠는지 차갑게 식은 밥을 허겁지겁 입안에 욱여넣었다. 오죽 굶주렸으면 저럴까하고 안쓰럽게 바라보고 있는데 아내가 다가가 만 원짜리 한 장을 내밀며 국밥이라도 사 드시라고 하였다. 노숙인은 고맙다며 한 마디 하고는 총총히 계단 아래로 걸어 내려갔다. 나는 지하철 좌석에 앉아 어둠의 내막을 헤아리는 반딧불이처럼 깜박깜박 아내의 손만 바라보았다.

두더지

두더지는 니체를 닮았다. 니체도 그걸 알았는지 기존 철학의 한계를 넘어 새로운 사유의 지평을 연 『아침놀』에서 두더지를 거론했다. 두더지의 거처는 표면이 아니라 이면이다. 이면은 어둡고 습하다. 남들이 꺼려하는 곳을 파고 들어가 숨어 있는 것을 찾아낸다. 은폐되고 왜곡된 것을 뒤집어엎는 정신노동자가 니체였듯 두더지 역시 표면에서 발견할 수 없는 것을 찾아 컴컴한 땅속을 뒤집고 다닌다. 두더지는 새로운 창조의 빛이 외부에 있지 않고, 삶의 이면에 있다는 걸 아는 존재 같다. 그곳은 고독의 성소이고, 자신과 온전히 마주할 수 있는 장소이다. 조만간 '지하의 사상가'인 두더지를 니체대학 망치학과에 석좌교수로 초빙하여 한 말씀 들어야겠다.

꽃병

꽃병은 호스피스 병동 같다. 발목이 잘린 꽃들에게 수액주사를 놓아 잔명을 이어가게 한다. 꽃들의 유언은 향기롭다. 죽어가면서 꽃들이 마지막으로 지상에 전하는 향은 아름다운 죽음의 미학이다. 사나흘, 길어야 일주일을 넘기지 못하는 꽃들은 죽음을 예감하고, 생애의 마지막을 준비한다. 최선을 다해 몸 안의 향기와 빛을 세상에 헌정하고, 미련 없이 삶을 마감한다. 자신의 추한 모습을 보이지 않기 위해 끝까지 문병을 거부했던 지인의 맑은 죽음이 떠오르는 가을날이다.

국수

 마른국수는 일렬로 꼿꼿하게 서 있는 초병 같다. 변절을 모르는 지조와 절개는 가상하나 대개 단명의 운명을 면치 못하여 도처에서 효수당한 시신들을 목격하게 된다. 타협이나 굴종을 모르는 타고 난 성정이야 높이 기릴 만하지만 뜻을 펴기도 전에 능지처참의 비운을 맞게 되는 경우가 있어 조심히 수장의 전례를 갖추어 응대하면 국수는 오래 감추어 두었던 유연한 내면의 풍모를 보여준다. 국수를 온몸으로 맞이할 때 고개 숙여 모셔야 하는 이유가 거기에 있다. 물의 형식에 익숙해진 국수에는 어떠한 고집이나 경직된 자세가 없다. 가장 부드러운 자세로 세계를 영접하는 국수의 미덕을 칭송하지 않을 수 없으니, 뻣뻣한 외형만 보고 국수를 오해하지 마시라. 뼈와 살의 경계를 넘나드는 국수의 도량을 함부로 재단하지 않는 것이 국수에 대한 예라 하겠다.

유리

　유리는 항상 맑고 깨끗한 줄 안다. 얼핏 보거나 멀리서 바라보면 그렇게 볼 수도 있겠다. 그러나 자세히 바라보면 먼지도 있고 빗물 자국도 있다. 어린아이도 그렇다. 어린이를 때 묻지 않은 순수한 존재로만 보는 것은 시골 풍경을 아름다운 자연으로만 바라보는 것처럼 표피적이고 낭만적인 인식의 결과 같다. 가까이서 보는 어린아이들은 초등학교 3학년 정도만 돼도 일상에서의 고민과 갈등이 많다. 어른들의 시선으로 바라볼 때 한없이 맑고 고운 존재로 보이지만 실제 아이들은 어른들의 삶과 크게 다르지 않은 삶을 산다. 얼마 전 예쁜 동시 한 편을 읽었다. 아이들은 무균실과 청정 구역에만 사는 것이 아닌데 동시가 이렇게 맑고 예쁘기만 해도 되나, 현실과 너무 괴리된 것은 아닌가하는 생각을 했다. 나의 편향된 시선 탓인지 모르겠으나 어른들에 의해 미화된 동심이 현실감 있게 다가오지 않았다. 눈앞의 유리창이 속엣말을 중얼거린다. 나는 천사처럼 맑지도 순결하지도 않고, 염결성만 강조하는 도덕주의자도 아니니 오해하지 말라고. 흠집과 허물이 많은 당신과 똑같은 사물일 뿐이라고.

무지개

 바닥에 무지개가 피었다. 하늘에서 허공을 딛고 있는 일이 무료했는지 비행접시처럼 지상에 내려와 앉았다. 오랫동안 멀리서 걸어온 빛이 낳은 작품 같다. 유리를 통과하여 현몽처럼 나타난 무지개를 한참 들여다보다 저것 또한 헛꽃이겠거니 생각하니 애틋하고 수수롭다. 몸 있을 때만 일곱 색깔의 꽃일 텐데 평소 보지 못한 바닥을 잘 읽어보고 가시라. 바닥의 삶도 그대 덕분에 이렇게 눈부신 꽃일 때가 있으니.

하늘

번개 치고 천둥 울려도 하늘은 깨지지 않는다. 눈 한번 껌벅 하면 그만이다. 깨지는 것은 언제나 번개다. 도사견처럼 으르렁거리던 천둥도 재빨리 꼬리를 내리고 먹구름 속으로 숨어버린다. 백전백패다. 애초부터 하늘을 대적할 깜냥이 안 된다. 아무리 날래고 머리 회전이 빠른 번개라 해도 민심이 천심이라는 말은 깨닫지 못하는 것 같다. 오늘도 하늘은 청명하고 의연하지만 석양에 연루된 지상의 삶은 조금씩 암전되는 중이다. 멀리서 누군가 걸어오고 있다. "은쟁반에 / 하이얀 모시수건을"(이육사, 「청포도」) 준비해야겠다.

타란툴라 거미

 거미줄을 치지 않고 이리저리 뛰어다니며 먹이 사냥을 하는 거미를 처음 보았다. 이름하여 배회성 타란툴라 거미. 다른 거미들의 습성에 반기를 들고 새로운 생존 방식으로 살아가는 타란툴라 거미가 특별한 모습으로 다가왔다. 대부분의 거미들은 거미줄을 쳐놓고 먹이가 걸려들면 포획하는데 타란툴라 거미는 기망의 사냥법 대신 정공법으로 당당하게 먹이 사냥을 한다. 교묘한 술수와 모략으로 상대를 곤경에 빠뜨려서 죽음에 이르게 하는 고약한 인간군들과 비교가 된다. 특히 모리배들의 저열한 행태와는 많이 달라서 한참 들여다보았다.

안경

안경은 어쩌다 손 대신 다리를 갖게 되었을까. 아무리 봐도 다리가 아닌 손 같은데 사람들은 안경에 '다리'라는 이름을 붙여 놓았다. 안경의 의지와는 상관이 없는 자의적 횡포다. 안경은 하루 중 대부분을 귀를 잡고 살아간다. 코에 엉덩이를 의탁하긴 하지만 귀 없이는 버틸 수가 없다. 귀를 잡고 있는 것은 안경의 두 손이니, 이제부터라도 안경팔, 혹은 안경손이라 불러야 되지 않겠나. 관습적 연결에 익숙한 인간의 언어는 일방적으로 '의미'라는 유복자를 낳는다. 표현과 동시에 사라지는 사물의 맨 얼굴을 언어가 만날 경우는 없을 것이니, '안경다리'가 인식의 고정적 범주 안에서 영생할 것 같아 유감이다.

공중전화 부스

 아파트 단지 구석에 공중전화 부스가 있다. 퇴임한 노인 같기도 하고, 빈 암자 같기도 하다. 요즘도 누가 저 부스 안에 들어가 통화하는 사람이 있을까 싶다. 그저 번외의 자리에서 간신히 연명하는 시 같다. 그래도 공중전화는 강변(強辯)도, 애걸복걸도 더 이상 듣지 않아 좋겠다. 좀 외롭긴 해도 곳곳에서 쏟아지는 어쭙잖은 주장과 차돌멩이 같은 신념에 귀 기울이지 않아도 되니, 공중전화는 몸과 마음이 홀가분하여 언제든 풍등처럼 날아오를 수 있겠다.

야화

이대 앞 작은 쉼터에서 바닥에 핀 꽃을 보았다. 한밤중에 개화하는 야화였다. 대낮이 되면 자취를 감추고 사라질 꽃이겠지만 눈앞에 나타난 것은 하나의 실체였다. 허상이라고, 헛꽃이라고, 조명에 의한 빛의 희롱이라고 단정할 수 없었다. 지금 이곳에 실존하는 아름다움이었다. 보류하거나 지연될 수 없는 엄연한 현재였다. 이것과 저것을 구분하는 순간 세계는 반쪽밖에 열리지 않으니, 이 순간만큼은 나의 욕망을 소외시키고 싶지 않았다. 숨이 멎은 '지식'에서 살아 움직이는 '사건'으로 이동하는 청춘들의 거리에 한참 서 있었다. 풋풋한 봄이 보기 좋았다.

견인줄

 해남 도솔암 가는 길을 잘못 들어 차를 돌리다가 고랑에 빠졌다. 바퀴 밑에 돌을 괴고 몇 차례 시도를 해보았으나 소용이 없었다. 바퀴가 계속 헛돌고 뿌연 연기까지 솟아올랐다. 난감했다. 궁리 끝에 〈토문재〉* 박병두 촌장에게 전화를 하여 구조 요청을 하였다. 재빨리 달려와 견인줄을 연결하여 서너 번의 시도 끝에 차를 끌어올렸으나 이번에는 두 차를 연결한 쇠줄이 풀리지 않았다. 손으로 아무리 힘주어 돌려봐도 꿈쩍도 하지 않았다. 할 수없이 박병두 촌장이 동네 후배에게 연락하였다. 만능인 후배가 도구를 가져와 엉킨 쇠줄을 풀었다. 처음 와보는 낯선 장소에서 당한 일이라 당황했으나 주위 사람들 덕분에 고랑에서 무사히 빠져나왔다. 고맙고 미안했다.

 십수 년 전에도 비슷한 일이 있었다. 강원도 오지의 험한 산길을 달리다가 차량 가운데가 돌에 걸려 오도 가도 못했다. 주위에 인가도 없고 핸드폰도 터지지 않았다. 날은 점점 어두워오는데 이대로 있다가는 산속에서 밤을 새울 것 같았다. 슬슬 두려움이 밀려왔다. 그때 반대쪽 방향에서 비포장 돌길을 털털거리며 달려오는 자동차가 보였다. 하느님 같았다. 손을 들어 도와달라고 하였다. 사내는 아무 말 없이 차에서 내려 트렁크에서 견인줄을 꺼내 내 차에 연결하였다. 헛돌기만 하던 차가 금방 빠져나왔다. 익숙한 동작으로 앞뒤 고리를 푼 사내는 다시 가던 길을 갔다. 연신 고맙다는 말을 하였지만 사내는 별일 아니라는 듯 씨익 웃기만 하였다. 지금 생각해도 그는 석가 여래불이나 하느님이 현신하신 게 아니었나 싶다.

그동안 이런저런 일을 겪으면서 도움을 받은 적이 많았는데 앞으로 갚아나가야 할 일만 남았다. 부디 내 손이 크고 넉넉하여 난세를 건너는 목숨들에게 작은 징검돌이라도 되었으면 좋겠다. 토문재 뜰에는 요즘 배꽃이 한창이다.

* 인송문학촌 토문재: 전남 해남군 송지면 땅끝해안로에 있는 문인 집필실.

괴목

미황사 천왕문 오르는 길가에 큰 바위가 있다. 보수공사가 한창이어서 어수선한 경내를 돌아보는 내내 눈에 어른거린 것은 입구에 있는 바위였다. 단청을 맑게 씻어낸 대웅보전, 달마산의 기암, 괴봉도 특별했지만 사찰에 오르내리는 참배객들이 바위 밑에 크고 작은 나뭇가지를 받쳐 놓은 장면이 눈에서 떠나지 않았다. 여러 개의 아름다운 손이 거기 있었다. 처음 누군가가 마른 나뭇가지로 괴어놓은 것을 보고 너도나도 따라 한 것 같았다. 나뭇가지가 무슨 힘이 있겠느냐만 바위에 대한 마음들이 모여 이루어낸 상징물이었다. 어떻게 해서든 바위만큼은 본래 자리에 머물게 해야 한다는 의지의 표현 같았다. 작고 미약하지만 사람들이 뜻을 모아 지켜내고자 하는 것이 바위만은 아닐 터여서 가슴 한쪽이 따듯해졌다. 미황사의 수려한 풍광과 장엄한 기운 못지않게 사람의 마음을 움직일 수 있는 것이 저런 소소한 장면일 거라는 생각을 하면서 산을 내려왔다.

녹우당

　공재 윤두서 선생을 만나러 해남 연동리를 찾아 갔으나 헛걸음만 하고 말았다. 출타한 지 300년이 지났다 했다. 녹우당에 마음 한 잎 내려놓고 돌아서다가 기념관에서 공재 선생의 화신을 상면했다. 다시 만난 선생의 자화상은 혁명에 실패한 불우한 전사 같다. 자세히 들여다보니 울분과 강직한 기개가 동시에 느껴진다. 정밀하게 묘사된 수염도 몸 바깥으로 표출된 강렬한 의지의 표상 같다. 당쟁의 혼란 속에서 모함을 받아 온갖 고초를 겪다가 낙향한 선비의 시선이 강골의 선언처럼 매서우면서도 고독해 보인다. 정치적으로 소외된 남인 출신인 탓에 관직 생활도 할 수 없었던 윤두서의 모습은 당당하고 의연한 검객의 풍모 같기도 하다. 고산유물전시관에 마련된 목판으로 공재 선생의 자화상을 찍어보았지만 형형한 눈빛이 제대로 나오지 않아 아쉬웠다. 우리 회화사의 걸작으로 꼽히고 국보로까지 지정된 작품에 큰 결례를 한 것 같다. 녹우당 앞에 서 있는 동백이 저 홀로 난세를 감당하느라 한량없이 붉다.

도서

니체는 1886년 『선악을 넘어서』를 자비 출판하였다. 300부 정도만 판매되면 제작비를 회수할 수 있을 거라고 믿었다. 그러나 실제 팔린 책은 114부였다. 참담했다. "사람들은 내 글을 전혀 원하지 않는다."고 생각한 니체는 그해 9월 말비다 폰 마이젠부르크에게 보낸 편지에서 『선악을 넘어서』는 앞으로 100년 후, 2000년대나 읽힐 수 있을 거라고 했다. 니체의 예언은 크게 틀리지 않았다. 도서관에 쌓여 있는 책 중에 종이 쓰레기로 폐기되지 않고, 앞으로 100년 후까지 살아남을 도서는 과연 몇 권이나 될까?

암각시문

　세월이 파먹은 글자들이 거의 보이지 않았다. 송시열이 1689년 83세의 나이로 제주도로 유배 가던 도중에 풍랑을 만나 잠시 몸을 피했던 보길면 백도리 암벽에 남긴 암각시문. 오언절구의 한시가 희미한 흔적만 남아 저물고 있었다. 바위가 쥐고 있는 얼마 남지 않은 글자들을 손으로 어루만져 주었다. 덧없이 사라지는 허망한 문자의 운명을 눈앞에서 보는 것 같아 씁쓸했다. 땅끝마을 〈토문재〉에서 한 달간 생활하는 동안 손끝에서 명멸했던 무수한 문자들이 스쳐 지나갔다. 내일은 공재가 2년 남짓 살았던 윤두서 고택 청우재(聽雨齋)에 가서 세상의 공명에 깃들인 적 없는 빗소리에 귀나 적셔야겠다.

창

 다큐 영화 『시인들의 창』에는 대사가 없다. 허접쓰레기 같은 언어의 공해에 오래 시달린 탓인지 김전한 감독은 영화에서 대사를 지워버렸다. 풍경과 소리만 화면 속에서 율동하고 있다. 언어의 바깥에서 살아 움직이는 풍경들이 직접 발언케 한다. 사물에 빌붙어 기생하는 문자나 언어가 없다. 언어화되지 않은 생물의 풍경을 만난 관객은, 특히 문자 숭배주의자들은 70여분 동안 지루할 수도 있겠으나 풍경이 알몸으로 술렁거리는 장면, 장면에 숨어 있는 비의를 만나는 즐거움이 크다. 『시인들의 창』은 언어야말로 알맹이 없는 껍데기일 뿐이어서 의미의 하물을 언어에 적재하지 않는다. 일부 시인들이 언어의 수레를 타고 언어가 없는 곳에 닿고자 하는 시도를 하고 있지만 김전한 감독은 아예 언어라는 소통의 수단을 버리고 직접 풍경을 만나 대상의 소리에 귀를 기울인다. 생동하는 풍경의 언어를 영상에 고스란히 담아 관객이 함께 호흡하게 한다. 그런 점에서 영화 속에 등장하는 '금몽암(禁夢庵)'은 시사하는 바가 크다. 언어의 무상성, 덧없음을 성찰한 감독의 시선에 포착된 장소 같다. 한낱 헛것에 지나지 않는 언어에 대한 꿈, 의미에 대한 집착과 욕망의 덧없음을 우회적으로 보여준다. 김전한 감독이 관객들을 배려해 영상 속에 설정한 안내 표지 같기도 하다. 오늘날 보기 드문 희귀한 작품으로 오래 기억에 남을 『시인들의 창』은 왜곡과 착각의 언어가 범람하는 시대를 향해 새로운 화두를 던진 영화라 하겠다.